Sommaire

DEUXIÈME PARTIE
QUELQUES ÉLÉMENTS DE RÉFLEXION PÉDAGOGIQUE

QUATRIÈME PARTIE
LA DÉMARCHE ET LE RÉFÉRENTIEL DE COMPÉTENCES 55

CINQUIÈME PARTIE
DE L'ÉVALUATION AUX RÉPONSES PÉDAGOGIQUES 117

Introduction

Comme chaque année, vous préparez vos élèves à franchir une nouvelle étape de leur cursus scolaire. Tous, parents et enfants, espèrent avec vous qu'elle sera positivement franchie.

Les innombrables efforts que vous déployez constamment visent à accompagner l'ensemble du groupe-classe sur la voie de la réussite scolaire, défi renouvelé sans cesse, voyage toujours passionnant et enrichissant au cours duquel guide et voyageurs cheminent ensemble.

Or chacun sait combien une randonnée bien préparée nécessite un guide compétent, muni de cartes, respectueux d'un circuit bien pensé, prompt à ménager les étapes nécessaires, soucieux de maintenir une constante harmonie entre la progression du groupe et le rythme de chacun de ses membres, attentif à les tenir informés du chemin parcouru et à parcourir encore, avant d'atteindre le but fixé.

Vous, responsable pédagogique, professionnel de l'éducation, êtes investi d'un rôle tout à fait similaire.

Comment établir et respecter un programme de français qui, à tous, s'impose, tout en pratiquant une pédagogie différenciée ? Comment centrer l'enseignement du français sur l'élève tout en tenant compte des contraintes liées aux contenus ? Comment informer les enfants, les parents et les collègues des progrès accomplis ?

C'est dans l'espoir de vous apporter une réponse aidante que nous vous proposons Travailler par cycles en français à l'école, de la Petite Section au CM2, *ouvrage de pédagogie pratique, conçu pour vous accompagner sur les chemins de votre activité professionnelle quotidienne.*

Bâti précisément à partir des ***compétences à acquérir à l'école primaire****, il vous aidera à :*

• ***appliquer une démarche cohérente et rigoureuse*** *:*
– cerner précisément, en français, les apprentissages contenus dans les Instructions officielles,
– définir des objectifs d'enseignement clairs et univoques ;

• ***individualiser le travail proposé aux élèves*** *:*
– pratiquer une pédagogie différenciée adaptée à chaque enfant,
– situer l'élève au sein de chaque apprentissage,
– adapter les réponses pédagogiques aux difficultés des élèves ;

• ***organiser les activités par cycles*** *:*
– harmoniser pour l'élève un cursus exempt de ruptures,
– réaliser le bilan continu des compétences régulièrement acquises par l'élève en mathématiques,
– établir des progressions rigoureuses, adaptées au rythme de chacun,
– constituer des groupes d'élèves en fonction de leurs besoins, effectivement recensés ;

• ***disposer d'une information objective sur l'élève*** *:*
– pratiquer une évaluation régulière et précise, des activités des élèves, tout au long du cycle,
– utiliser ces informations comme support aux échanges avec les collègues, les familles et les enfants eux-mêmes.

Travailler par cycles en français à l'école, de la Petite Section au CM2 *met à votre disposition différents outils qui vous permettront d'atteindre ces objectifs.*

Les valises (pédagogiques) sont prêtes, et les destinations fixées… Il ne vous reste qu'à choisir les itinéraires.

BON VOYAGE !

Les Auteurs.

Première partie

La loi d'orientation

- Les missions et les objectifs fixés par la Nation (extraits)
- Les enjeux
- L'esprit de la loi
- La notion de cycle
  - Les finalités de l'organisation de la scolarité en cycles
  - Les implications concrètes de la loi
    - Le regroupement des élèves
    - Le suivi des élèves
    - Les apprentissages
    - La communication des informations
- L'enfant au centre du système éducatif
- L'organisation de la scolarité en cycles
- Les questions que vous vous posez
- Où trouver les réponses aux questions que vous vous posez?

LA LOI D'ORIENTATION

LES MISSIONS ET LES OBJECTIFS FIXÉS PAR LA NATION (extraits)

Missions du système éducatif

Le droit à l'éducation et à la formation est assuré en France. Dans le respect des principes fondamentaux d'égalité, de liberté et de laïcité, l'État garantit l'exercice de ce droit à tous les enfants et les jeunes qui vivent sur le territoire national quelle que soit leur origine sociale, culturelle ou géographique.
L'école a pour rôle fondamental la transmission des connaissances.
L'école a pour but de former, grâce à une réflexion sur ses objectifs pédagogiques et à leur renouvellement, les femmes et les hommes de demain, des femmes et des hommes en mesure de conduire leur vie personnelle, civique et professionnelle en pleine responsabilité et capables d'adaptation, de créativité et de solidarité.
C'est pourquoi l'éducation doit développer chez le jeune le goût de créer, d'exercer des activités culturelles et artistiques et de participer à la vie de la cité. Le système éducatif doit également assurer une formation physique et sportive pour tous les jeunes et aider au développement des associations sportives d'établissements, conformément à la loi du 16 juillet 1984.
Si l'école ne peut abolir seule les inégalités qui marquent les conditions de vie des enfants et des jeunes, elle doit contribuer à l'égalité des chances. Elle permet à tous d'acquérir un niveau de qualification reconnu grâce auquel ils pourront exprimer leurs capacités et entrer dans la vie active.
L'école a aussi pour vocation de participer à l'adaptation permanente des femmes et des hommes aux évolutions sociales, technologiques et professionnelles de notre société.
Le système éducatif contribue à la création du savoir, à la diffusion des connaissances et au progrès technologique et économique. C'est là une des missions fondamentales de l'enseignement supérieur et de la recherche.
L'enseignement relevant du ministère de l'Agriculture est concerné par cette loi et concourt aux objectifs qu'elle définit sous l'autorité de ses propres responsables.

Objectifs à atteindre

Ces missions conduisent à fixer les objectifs suivants :
– chaque jeune construit progressivement son orientation ;
– tout jeune atteint un niveau de formation reconnu (au minimum le certificat d'aptitude professionnelle ou le brevet d'études professionnelles) ;
– quatre élèves sur cinq parviennent jusqu'au baccalauréat ;
– tous les bacheliers (ou les titulaires d'une équivalence ou d'une dispense de ce grade) qui le demandent sont admis à poursuivre des études supérieures ;

– l'enseignement s'ouvre davantage, par ses méthodes et ses contenus, à la coopération internationale et à la construction européenne.

Dans cette perspective, des objectifs intermédiaires sont définis pour les cinq années qui viennent :

– diminuer de moitié le nombre de jeunes qui sortent du système scolaire sans qualification ;

– conduire 65 % des élèves au niveau du baccalauréat ;

– réduire de moitié au moins le nombre de décisions d'orientation qui ne sont pas acceptées par les élèves et les familles.

Chaque niveau d'enseignement participe à la réalisation de ces objectifs :

– l'école maternelle permet aux jeunes enfants de développer la pratique du langage et d'épanouir leur personnalité naissante par l'éveil esthétique, la conscience de leur corps, l'acquisition d'habiletés et l'apprentissage de la vie en commun. Elle participe aussi au dépistage des difficultés sensorielles, motrices ou intellectuelles et favorise leur traitement précoce ;

– l'école primaire a pour objectif fondamental l'apprentissage des bases de la lecture, de l'écriture et du calcul. Elle permet à l'enfant d'étendre sa conscience du temps, de l'espace, des objets du monde moderne et de son propre corps. L'initiation à une langue étrangère contribue à l'ouverture de l'élève sur le monde ;

– le collège accueille l'ensemble d'une classe d'âge : tous les élèves doivent accéder en classe de troisième grâce à des voies diversifiées. Il a pour mission d'approfondir les apprentissages de l'école primaire et de parfaire la maîtrise de la langue sous toutes ses formes, grâce à des démarches pédagogiques répondant à la diversité des élèves. Ceux-ci apprennent le raisonnement et l'observation à travers différentes disciplines, y pratiquent une langue étrangère dans son expression courante et commencent à en étudier une seconde.

Pour parvenir à ce résultat, la pédagogie englobe l'acquisition des savoirs et des savoir-faire des méthodes de travail et d'assimilation des connaissances, la formation de l'esprit critique et le développement de la sensibilité et de la curiosité. L'élève construit un premier projet d'orientation. L'ensemble de ces impératifs confère au collège sa spécificité ;

– le lycée permet à chaque jeune de réaliser son projet personnel. En offrant aux élèves des parcours diversifiés, il leur assure une solide formation générale autorisant la poursuite ultérieure de leurs études et l'accès à une vie professionnelle et sociale de qualité. Il cultive les capacités de travail personnel, de raisonnement, de jugement, de communication, de travail en équipe et de prise de responsabilités. Pour favoriser la réussite du plus grand nombre et déboucher sur la vie professionnelle ou la poursuite d'études supérieures, le lycée est organisé en formations diversifiées générales, technologiques ou professionnelles, reliées entre elles par des passerelles.

L'enseignement supérieur, dont les missions sont précisées dans la loi n° 84-52 du 26 janvier 1984 sur l'enseignement supérieur, est le lieu où se crée et se diffuse le savoir, où se préparent les cadres, les chercheurs et les enseignants de demain. Adaptabilité, créativité, évolution rapide des contenus des enseignements, équilibre entre professionnalisation et culture générale doivent y être de règle. Les formations post-baccalauréat dispensées dans les lycées participent avec celles des universités au développement de l'enseignement supérieur. C'est pourquoi elles figurent dans les schémas de développement des formations post-baccalauréat élaborés par les recteurs en concertation avec les partenaires régionaux.

Par la formation continue, le service public de l'éducation favorise l'élévation du niveau général de formation et de qualification de la population. Il participe à la mise en œuvre du crédit-formation et il aide au développement économique local, régional et national.

Extrait de la loi d'orientation du 10-07-89.
BO spécial n° 4 du 31-08-89.

LES ENJEUX

De l'analyse...

En vingt ans, la société française a beaucoup changé :
– **le paysage professionnel** s'est modifié de manière très sensible. Nous constatons, en effet, de profondes mutations dans le monde du travail : secteur tertiaire très développé, travail des femmes en augmentation, chômage important aboutissant à une marginalisation d'une partie de la population du pays, etc.
De plus, les qualifications nécessaires pour trouver un emploi sont beaucoup plus élevées qu'auparavant et ne correspondent pas toujours aux exigences des offres d'emploi existant sur le marché du travail.
Enfin, la perspective du marché unique européen modifie déjà les parcours et les perspectives professionnelles des Français ;
– **la demande sociale** a elle aussi évolué. Ainsi notre société trouve-t-elle de plus en plus insupportable l'échec scolaire des jeunes qui aboutit inexorablement à une mauvaise insertion professionnelle.
Enfin, la composition de plus en plus hétérogène de notre société génère vis-à-vis de l'école des demandes éducatives de plus en plus diversifiées.

... à l'action

Face à une telle évolution du paysage professionnel et de la demande sociale, il apparaît urgent de « penser en des termes renouvelés le rôle de l'école ».

L'éducation, considérée comme « **la première priorité de la nation** », se doit donc :
– d'assurer, à tous les élèves, une qualification minimale reconnue et prise en compte sur le marché du travail ;
– de permettre une scolarité secondaire pour tous : une réussite scolaire accrue **quantitativement** (dans la mesure où l'école doit gérer les « flux » pour que 80 % des élèves d'une classe d'âge atteignent le niveau du baccalauréat) et **qualitativement** (dans la mesure où elle doit gérer « la marge », c'est-à-dire ces 20 % d'élèves de la même classe d'âge auxquels il faudra, de toute façon, assurer une qualification) ;
– de « repenser les conceptions pédagogiques qui servent de fondements à l'enseignement, le savoir encyclopédique minimal de l'école de Jules Ferry ne suffisant plus » ;
– d'apporter, enfin, face à des exigences sociales et professionnelles si diverses, des réponses spécifiques, de mettre en place une nouvelle organisation pédagogique, et donc de PENSER EN DES TERMES RENOUVELÉS LES OBJECTIFS ET LES MISSIONS DE L'ÉCOLE.

Il s'agit là d'une mutation en profondeur qui s'appuie sur deux qualités essentielles dont tous les membres de la communauté éducative devront faire preuve : **l'adaptation, la solidarité**.

L'ESPRIT DE LA LOI

OBJECTIFS NATIONAUX

La nation se fixe comme objectif de conduire d'ici dix ans l'ensemble d'une classe d'âge au minimum au certificat d'aptitude professionnelle ou au brevet d'études professionnelles et **80 %** au niveau du baccalauréat.

Assurer l'**égalité des chances** et la réussite des élèves.

L'enseignement est adapté à leur diversité par une **continuité éducative** au cours de chaque cycle et tout au long de la scolarité.

Adaptation

Dispenser une **formation adaptée** dans ses contenus et ses méthodes aux évolutions économiques, technologiques, sociales et culturelles du pays et de son environnement européen et international.

L'**évaluation** contribue à l'amélioration du système éducatif en vérifiant la mise en œuvre des objectifs nationaux, en les adaptant aux différents publics auxquels ils s'adressent et en opérant une régulation permanente de l'ensemble du système éducatif.

L'école a aussi pour vocation de participer à l'**adaptation permanente** des hommes et des femmes aux évolutions sociales, technologiques et professionnelles de notre société.

Une réflexion en profondeur sur les contenus de l'enseignement et les programmes est aujourd'hui indispensable.

Solidarité

L'élaboration du projet d'établissement nécessite la participation de toute la **communauté éducative** et de tous les partenaires de l'école.

L'École a pour but de former des femmes et des hommes en mesure de conduire leur vie personnelle, civique et professionnelle en pleine responsabilité et capables d'**adaptation**, de **créativité** et de **solidarité**.

Le **projet d'établissement** : un élément moteur.
Ce projet ne se réalisera pleinement que s'il est placé dans un cadre large englobant les relations avec l'environnement socioculturel et économique, mais aussi les rythmes scolaires, les conditions de vie dans l'établissement et enfin les activités périscolaires et complémentaires de l'école. Ces éléments s'ajoutent au projet pédagogique pour constituer le projet d'établissement.

Organisation souple : fondée sur des cycles de plusieurs années. Les années regroupées dans ces cycles constituent des itinéraires cohérents dotés d'objectifs clairs que les élèves peuvent parcourir à des vitesses différentes.

LA NOTION DE CYCLE

Ce terme définit, sur les plans organisationnel et pédagogique, une réalité répondant à une logique interne et à une cohérence qui lui permettent d'atteindre les objectifs qui lui ont été assignés. Celles-ci s'appuient sur le développement psychologique et cognitif de l'enfant d'une part, et sur des contingences d'ordre pédagogique et didactique d'autre part. Par ailleurs, le cycle est lui-même lié aux autres cycles constituant l'ensemble de la scolarité de l'élève. À ce titre, il obéit également à une logique générale qui transcende la totalité du cursus.

C'est ainsi que l'enfant va devoir conquérir au cours de chaque cycle les apprentissages qui y sont abordés pour acquérir peu à peu les contenus, les méthodes de travail et les comportements nécessaires à la construction de son savoir.

Notons que le concept même de cycle n'est pas nouveau en soi. Il était déjà question, il y a quarante ans, de «cycle désenclavé» s'agissant de l'ensemble GS/CP; depuis de nombreuses années, l'apprentissage de la lecture se conçoit sur trois ans, GS/CP/CE1. La nouveauté, en revanche, tient, au-delà du concept, à la généralisation de ce dernier à l'ensemble de la scolarité primaire (maternelle et élémentaire) de tous les écoliers de France et à la solidarité qui en découle entre les actions des différents maîtres auxquels seront confiés les élèves année après année.

Trois cycles pluri-annuels constituent le **cursus scolaire primaire**:
- le cycle des apprentissages premiers,
- le cycle des apprentissages fondamentaux,
- le cycle des approfondissements.

Les finalités de l'organisation de la scolarité en cycles

Chaque cycle favorise la continuité de l'acquisition, par l'élève, des compétences y afférentes et l'élimination, autant que faire se peut, des ruptures en cours d'apprentissage. C'est en tenant compte du profil de l'élève et de son rythme de travail, c'est en utilisant ce qu'il sait déjà au profit de ce qu'il ignore encore que le maître accompagnera l'enfant sur les chemins du savoir, respectant en cela les finalités du cycle:
- stabiliser et favoriser l'**installation des compétences** déjà acquises,
- aider à l'**élargissement de ces compétences**,
- faciliter l'**acquisition de nouvelles compétences** fondamentales et spécifiques à chaque cycle.

Les implications concrètes de la loi

D'une manière générale, il convient de noter, tout d'abord, que si la loi d'orientation et les circulaires parues au *BO* définissent les grands axes de l'organisation générale des cursus ainsi que les instances réglementaires destinées à appliquer cette politique pour l'école, **aucun modèle-type de fonctionnement n'est imposé**. De ce fait, les équipes de maîtres disposent d'une réelle autonomie pour adapter tous leurs efforts aux besoins recensés des élèves et aux attentes des familles.

Ainsi pourront-ils **décider ensemble**, au sein des différents conseils, des actions pédagogiques à conduire prioritairement auprès des élèves, en fonction des résultats des évaluations pratiquées, et qui constitueront les fondements du projet d'école. De même, ils envisageront avec l'ensemble des partenaires, en conseil d'école, la mise en œuvre d'un programme d'actions spécifiques (PAE, FAI, Contrat d'Aménagement du Temps de l'Enfant, etc.) nécessitant une ouverture sur l'environnement pour conduire les élèves sur la voie de la réussite scolaire, vers une intégration sociale, culturelle et professionnelle harmonieuse.

C'est sans doute de la capacité des équipes de maîtres à **exploiter cette autonomie** et à adapter leurs efforts aux contraintes liées à la fois aux apprentissages et aux profils des élèves que dépendra la réussite de leur entreprise.

Sur le plan pratique se posent de **nombreuses questions** quant à l'instauration et la gestion des cycles, le rôle du maître et de l'équipe des maîtres, le suivi des élèves, l'information à dispenser, etc.

C'est pour analyser l'ensemble de ces paramètres et leur articulation que nous vous proposons une réflexion centrée sur quatre points :

– le regroupement des élèves,
– le suivi des élèves,
– les apprentissages,
– la communication des informations.

Le regroupement des élèves

Le regroupement des élèves doit leur permettre sans rupture les apprentissages amorcés précédemment. C'est pourquoi d'autres critères que celui de l'âge seront retenus pour l'organiser. Ceci n'implique en aucune manière une pratique élitiste, sous quelque forme que ce soit : l'objectif premier étant de **faire du temps un allié, en adaptant les contraintes des apprentissages aux rythmes d'acquisition, différents d'un élève à l'autre**.

C'est dans cet esprit, et pour atteindre cet objectif fondamental, que « la durée de présence d'un élève dans le cycle des apprentissages fondamentaux ou dans le cycle des approfondissements peut être allongée ou réduite d'une année et d'une seule. En conséquence, la durée totale de la scolarité élémentaire qui est, dans la majorité des cas, de cinq ans, ne peut être inférieure à quatre ans ni supérieure à six ans ».

Ceci n'implique pas non plus une pratique fondée sur un échange continuel d'élèves ou de groupes entre les maîtres, et la disparition de la notion de classe, bien au contraire.

L'enfant a autant besoin de **repères stables** que d'un **adulte de référence**. C'est pourquoi l'entité « classe » doit être préservée au moins pour la majeure partie du temps d'activité de l'élève.

Il revient alors au maître de procéder, au sein de sa classe, à la création de **groupes de besoin**, constitués d'élèves concernés par l'apprentissage considéré, pour un temps déterminé en fonction du temps nécessaire pour atteindre les objectifs fixés, la taille des groupes variant donc selon ces éléments, et pouvant coïncider avec l'effectif total de la classe lorsque tous les élèves répondent à ces critères.

C'est ainsi que s'explique la **spécificité de la Grande Section** de maternelle, qui appartient à la fois au cycle des apprentissages premiers et au cycle des apprentissages fondamentaux.

À ce stade de leur scolarité, et dans la même classe de Grande Section de maternelle, les élèves qui révéleront, après une évaluation diagnostique, de réelles aptitudes à entamer des appren-

tissages fondamentaux, appartiendront au cycle des apprentissages fondamentaux, les autres continuant à progresser normalement au sein du cycle des apprentissages premiers.
Il convient de noter qu'à la suite de la **disparition du dispositif de passage anticipé** à l'école élémentaire, rendu caduc par l'application de cette loi, la vigilance des partenaires à l'égard de la prise en compte effective des acquis des élèves susceptibles d'appartenir au cycle des apprentissages fondamentaux s'avérera légitimement accrue.
De plus, le texte prévoit d'autres **modes d'organisation pédagogique**, au-delà de celle évoquée ci-dessus :
– un maître pendant un cycle,
– la classe à plusieurs cours,
– les échanges de service et le décloisonnement.
Quels que soient les choix effectués, l'**adaptation** de l'organisation et de la pédagogie à la réussite des élèves reste le maître mot de la démarche.

Le suivi des élèves

Le suivi des élèves, dans la classe, au sein du cycle et d'un cycle à l'autre, a pour but essentiel « d'assurer la continuité nécessaire des apprentissages et la progression régulièrement évaluée des élèves et, le cas échéant, de planifier l'allongement ou la réduction de la durée des cycles pour certains d'entre eux ».
Il convient, pour ce faire, de tenir compte des particularités des élèves, qui sont aussi des **enfants**, et qui rencontrent des **difficultés propres**, qui présentent des **profils pédagogiques spécifiques**, et qui disposent de **stratégies d'apprentissage et de rythmes de travail différents**.
C'est pourquoi le maître ne pourra privilégier une méthode qu'à condition d'en analyser les effets sur tous les élèves, et, si nécessaire, d'en changer pour ceux à qui elle ne conviendrait pas. À ce titre, l'**harmonisation des méthodes** au sein de l'école constituera l'un des points importants des réflexions des conseils de cycles.
L'**évaluation individuelle et régulière des élèves** au niveau de la classe et tout au long du cycle constitue l'élément majeur du suivi. Il s'agira le plus souvent d'une **évaluation formative**, qui permettra au maître de situer l'élève dans l'apprentissage considéré, d'en réguler la progression, d'analyser ses acquis et ses difficultés, de lui en faire prendre conscience, et d'y apporter des réponses adaptées. L'**analyse des erreurs** apparaît comme un moment important du processus d'apprentissage.
Le parcours scolaire, de la Grande Section au CM2, durera en moyenne six ans. Il reviendra au conseil de cycle, sur proposition du maître de la classe, de **décider de la progression de l'élève**, ainsi que de son allongement ou de sa réduction d'un an au maximum pour l'ensemble de ces deux cycles.
Ainsi **disparaît la notion de redoublement**, au sens habituel du terme, l'allongement de la scolarité devant conduire non pas à reprendre le programme *in extenso*, mais d'aider l'enfant à poursuivre ses apprentissages en fonction des acquisitions déjà effectuées.
Les **Projets Personnalisés d'Aide et de Progrès (PPAP)** permettront un suivi et un accompagnement pédagogiques adaptés aux besoins des élèves.
Enfin, les maîtres du **Réseau d'Aides Spécialisées** (psychologues scolaires, rééducateurs, et maîtres des classes d'adaptation) par-

ticipent à la gestion des cycles et aident au suivi des élèves. Leurs compétences spécifiques doivent les amener à jouer un rôle précieux au sein des conseils de cycles dont ils font partie. L'organisation générale de l'école, ainsi conçue, montre l'importance que jouent la réflexion et l'activité de l'**ensemble des maîtres**, et non plus uniquement du maître de la classe, sur l'efficacité du suivi des élèves.

Les apprentissages

Situer un enfant au sein d'un apprentissage considéré, déterminer ce que l'enfant sait déjà et ce qu'il ne sait pas encore, pratiquer une évaluation continue et rigoureuse, concevoir des progressions exemptes de ruptures constituent autant d'opérations qui nécessitent **une bonne connaissance, par l'enseignant, des éléments constitutifs des apprentissages**.

Ceux-ci relèvent à la fois des contenus, des processus et des caractéristiques propres à chaque élève.

Les nouveaux programmes, décrits par l'arrêté du 25 janvier 2002 (*BO* hors-série n° 1 du 14 février 2002), réaffirment l'organisation en cycles à l'école primaire. Les **orientations pédagogiques** et les **contenus disciplinaires** y sont définis en harmonie et en cohérence à partir des compétences devant être acquises en fin d'école maternelle ou en fin de cycle.

Cet ensemble de textes, instructions officielles et compétences a pour objectif de fournir aux maîtres un ensemble cohérent susceptible de les aider dans leur action quotidienne à penser leur enseignement non plus sur l'année – comme y incitaient les programmes de 1985 qui étaient établis par cours (préparatoire, élémentaire, moyen) – mais à l'organiser par cycles pluriannuels, de la maternelle à la fin de l'école élémentaire. La mise en place des cycles, présente dans les programmes de 1995, est donc réaffirmée.

Les contenus y sont donc présentés par cycle, et non plus par classe, et ce dans tous les champs d'enseignement. Ceci implique, pour les maîtres des trois années de chaque cycle, la nécessité d'harmoniser et d'adapter leur travail aux élèves accueillis.

À cette fin, le rôle de l'équipe pédagogique s'avérant prépondérant, les enseignants auront à y concevoir, autour des apprentissages concernés, les méthodes, démarches et évaluations nécessaires. Notons que la présence de « programmes » (et non plus d'« orientations ») pour l'école maternelle constitue certes une nouveauté, mais révèle surtout l'intention de voir les enseignants disposer d'une vision globale des apprentissages, condition fondamentale pour conduire, sans rupture, les enfants sur le chemin de la réussite.

Cette finalité permet de comprendre, à la fois, le souci d'ajuster les contenus d'enseignement et les compétences à développer aux capacités réelles des enfants.

Il reste néanmoins aux maîtres à connaître **le détail des objectifs** permettant de bien analyser l'étendue et les enjeux de chaque apprentissage afin d'établir les programmations au niveau du cycle, et les progressions qui en découlent, suivant les matières, pour les classes ou les groupes d'élèves concernés.

Enfin, les disciplines sont regroupées, à l'école élémentaire, en plusieurs **blocs** dont l'horaire est modulable soit par groupe de disciplines, soit entre les disciplines, sous réserve de s'assurer périodiquement que l'horaire global par champ disciplinaire est respecté.

CYCLE 2. *Domaines :*
– Maîtrise de la langue et de la langue française
– Vivre ensemble
– Mathématiques
– Découvrir le monde
– Langue étrangère ou régionale
– Éducation artistique
– Éducation physique et sportive
Activités quotidiennes : lecture et écriture (rédaction ou copie)

CYCLE 3
Domaines :
– Langue française, Éducation littéraire et humaine (littérature, observation réfléchie de la langue, langue étrangère ou régionale, histoire, géographie, vie collective)
– Éducation scientifique
– Éducation artistique
– Éducation physique et sportive
Domaines transversaux :
– Maîtrise du langage et de la langue française
– Éducation civique
Il revient à l'enseignant de décider, pour un temps déterminé, de **modifier l'emploi du temps** de la classe. Cette **souplesse** lui est offerte pour adapter les progressions aux besoins des élèves.
Bien connaître les contenus ne suffit pas à l'enseignant. Pour gérer efficacement la classe, pour repérer de manière pertinente la nature des obstacles que rencontre l'élève, le maître doit également s'attacher à dominer les processus d'apprentissage, à bien cerner les stratégies, recevables ou non, des élèves, afin d'adapter sa démarche à leur profil d'apprenant.

La communication des informations

Différentes informations, explicites pour tous, et relatives au cursus de l'élève, doivent pouvoir être communiquées :
– celles qui relèvent de la progression de l'élève au cours de l'année scolaire au sein des apprentissages considérés ;
– celles qui relèvent de la progression de l'élève au sein du cycle d'une année sur l'autre ;
– celles qui relèvent de la progression de l'élève d'un cycle à l'autre et qui doivent, le cas échéant, mentionner les raisons d'une réduction ou d'un allongement de la durée du cycle pour l'élève.
Un **livret scolaire** servira de support aux échanges avec la famille, les autres collègues du cycle, les collègues des autres cycles, et suivra l'élève en cas de changement d'école, facilitant ainsi son suivi d'un établissement à l'autre.
Enfin, ce livret, accompagné d'autres documents de suivi de l'élève, servira de **support à la réflexion entre les collègues** pour réguler l'organisation et la mise en œuvre concertée de leurs actions quotidiennes d'enseignement et d'éducation.
Ceci conduit les enseignants de l'école élémentaire à « **passer le relais** » à ceux du collège pour aider les enfants à poursuivre leurs apprentissages dans un même souci de continuité.
Ainsi conçue, la notion de cycle tend à concilier l'ensemble des éléments indispensables à une bonne mise en place des apprentissages :
– **concilier le respect des rythmes et des spécificités des enfants avec le respect des exigences d'apprentissage définies dans les programmes** ;
– **concilier le respect de la liberté et de la responsabilité pédagogique des enseignants avec le respect d'une nécessaire continuité des méthodes mises en œuvre.**

L'ENFANT AU CENTRE DU SYSTÈME ÉDUCATIF

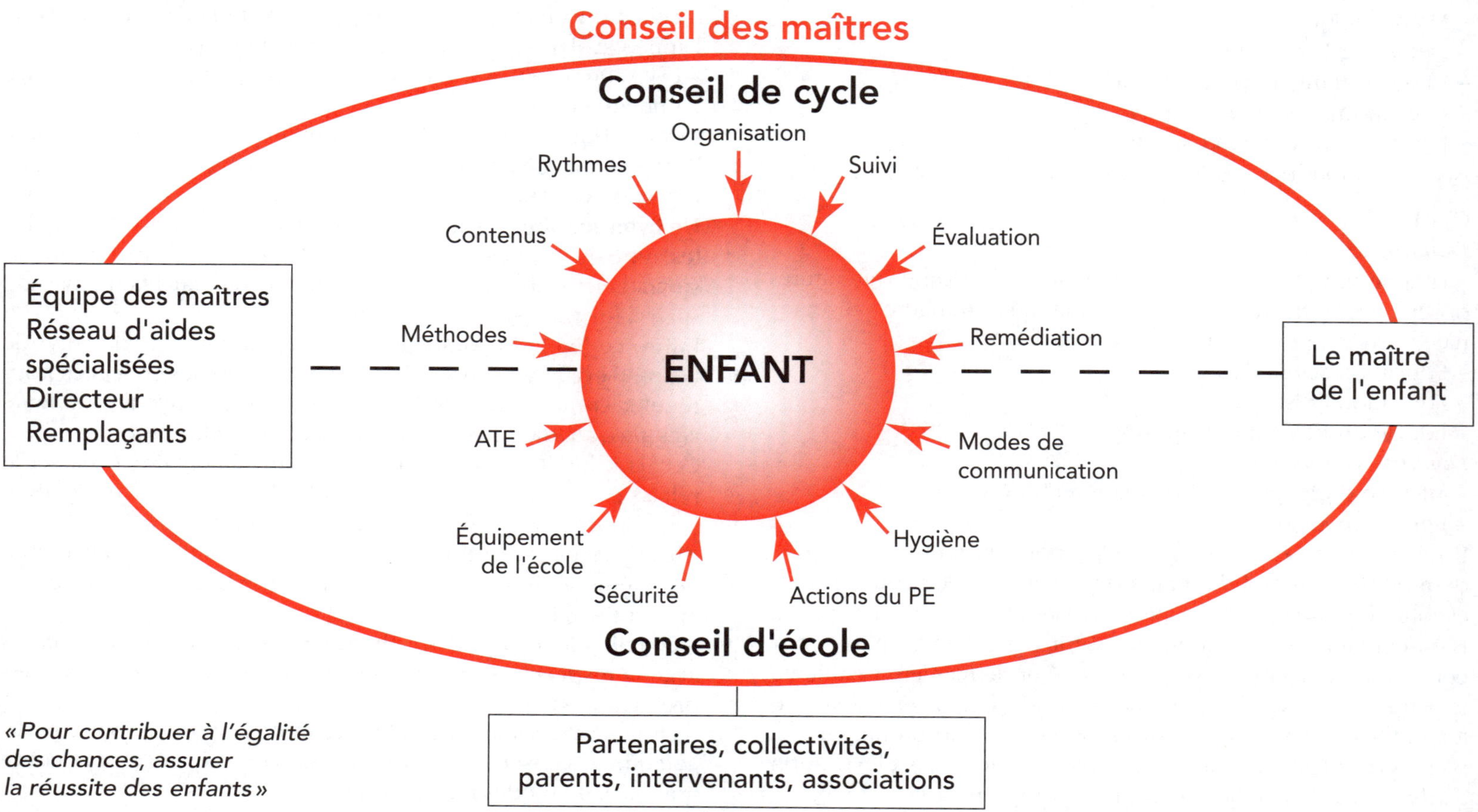

« Pour contribuer à l'égalité des chances, assurer la réussite des enfants »

L'ORGANISATION DE LA SCOLARITÉ EN CYCLES

Accueil généralisé dès l'âge de 3 ans (2 ans en ZEP)

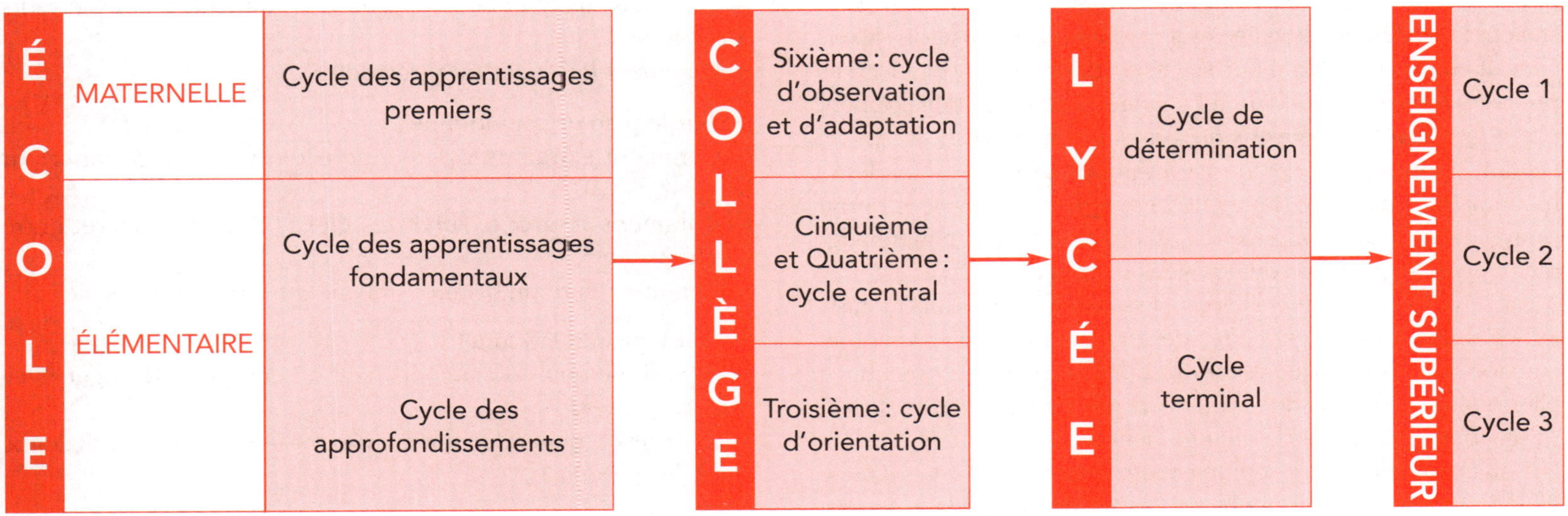

Objectif : dans les dix ans minimum CAP ou BEP 80 % BACCALAURÉAT

LES QUESTIONS QUE VOUS VOUS POSEZ

Les nombreux textes officiels parvenus dans chaque école ont suscité des réactions ou des interprétations nombreuses et diverses de la part des enseignants, des partenaires de l'école ou des médias. Ces textes, qui définissent de nouvelles missions pour l'école, supposent une mutation en profondeur de tout ce qui, à ce jour, caractérise notre système scolaire. Mais, s'ils présentent les différents domaines sur lesquels cette mutation s'exercera, ils insistent surtout sur ses aspects organisationnels. S'ils précisent les nécessités d'un tel changement, ils ne développent pas pour autant les moyens de le mettre en œuvre.
Devant l'importance des transformations à opérer dans leurs mentalités et leurs pratiques, les enseignants craignent de ne pouvoir réussir la lourde tâche qui leur est confiée, crainte augmentée par l'ignorance des moyens d'y parvenir.
Ainsi l'ensemble de ces textes officiels, aussi intéressants et aussi riches soient-ils, ouvrent certes des perspectives de réflexion et d'action, mais provoquent surtout nombre de questions qui, si elles n'obtiennent pas de réponse, risquent à court terme de stériliser toute entreprise de changement.
Les questions que se posent les maîtres sont très convergentes : elles portent majoritairement sur les modalités pédagogiques, relationnelles et organisationnelles du fonctionnement par cycles. Mais elles portent également sur une sorte de redéfinition de l'identité professionnelle des enseignants, et plus particulièrement sur le rôle de la Grande Section d'école maternelle dans le cycle des apprentissages fondamentaux.

- **Sur le plan pédagogique**

– Comment **situer l'enfant** dans l'apprentissage ?
– Comment **répartir** les apprentissages à l'intérieur d'un cycle ?
– Comment **gérer** les apprentissages dans sa classe ?
– Comment **prendre en compte** l'hétérogénéité des élèves ?
– Comment **analyser et comprendre** les difficultés et les erreurs des élèves ?
– Comment les éviter ou y **remédier** ?

- **Sur le plan organisationnel**

– Comment **s'organiser** dans une école pour fonctionner par cycles ?
– Comment **assurer le suivi** des élèves dans le cycle et entre cycles ?
– Comment **faire un bilan** du travail entrepris dans l'école ?

- **Sur le plan relationnel**

– À partir de quels documents peut-on **engager le dialogue** avec nos collègues ?
– À partir de quels documents pourra-t-on **engager le dialogue** avec les parents ?

Et enfin une question majeure :

Quel est le rôle de la Grande Section ?
Nous avons tenté dans cet ouvrage d'apporter des éléments de réponse aux questions que la plupart des enseignants se posent. Ce ne sont là que nos réponses, parmi tant d'autres possibles…

OÙ TROUVER LES RÉPONSES AUX QUESTIONS QUE VOUS VOUS POSEZ ?

Deuxième partie

Quelques éléments de réflexion pédagogique

- Éléments de pédagogie par objectifs
- Éléments de pédagogie différenciée
- Éléments de d'évaluation formatrice

QUELQUES ÉLÉMENTS DE RÉFLEXION PÉDAGOGIQUE

Ainsi que nous l'avons montré au cours du chapitre précédent, la loi d'orientation insiste particulièrement sur la nécessité de **placer l'enfant au centre du système éducatif** et donc, entre autres éléments, **au centre des apprentissages**.
Accordons-nous, tout d'abord, sur le terme même d'**apprentissage** qui recouvre deux réalités bien différentes :
– l'**objet d'apprentissage**, qui désigne des **contenus** notionnels, méthodologiques et comportementaux,
– le **processus d'apprentissage**, qui désigne, lui, le développement cognitif de l'enfant, c'est-à-dire les **stratégies** déployées, les **méthodes** appliquées, ainsi que les **comportements** adoptés par le sujet pour acquérir des connaissances.
Apprendre consiste donc, pour l'élève :
– en un acte de **transformation** d'un savoir ancien en un savoir nouveau. Cela suppose qu'il passe, dans un premier temps, d'une **ignorance ignorée** à une **ignorance dévoilée**, puis, dans un second temps, de la prise de conscience d'un **savoir incomplet** au **désir d'un savoir plus affiné**,
– en un **enrichissement** des outils dont il disposait déjà pour s'approprier ces connaissances.
Il s'avère donc fondamental pour le maître d'agir à la fois dans les domaines de l'objet et du processus d'apprentissage :
– en disposant d'une connaissance claire de ces contenus et de leur traduction en termes d'objectifs pédagogiques,
– en détectant ce qui, dans les processus que l'**enfant** met en œuvre pour s'approprier les connaissances, peut être pris en compte, modifié ou enrichi.
C'est par une pratique tirant parti, à la fois, d'une **pédagogie par objectifs** et d'une **pédagogie différenciée**, que le maître pourra atteindre ses propres objectifs d'enseignement.

ÉLÉMENTS DE PÉDAGOGIE PAR OBJECTIFS

D'une manière assez générale, l'enseignant privilégie la situation comme **entrée de sa démarche**. Agir ainsi le contraint à centrer son action essentiellement sur les contenus notionnels, à l'exclusion de toute préoccupation d'ordre méthodologique ou comportemental. De plus, il ne peut que se résoudre à justifier, sans certitude aucune, et ***a posteriori***, les éventuelles acquisitions des élèves.

La pédagogie par objectifs est une méthode d'enseignement centrée sur les objectifs à atteindre. Elle consiste, pour l'enseignant, à définir ***a priori*** les objectifs d'apprentissage, à les détailler en objectifs intermédiaires, puis à déterminer les situations qui permettront de les atteindre.

C'est l'entrée que nous avons privilégiée dans cet ouvrage. En effet, la **pédagogie par objectifs**, telle que nous l'avons définie, devrait permettre à l'enseignant d'accroître l'efficacité de son propre enseignement.

Il gère mieux les apprentissages grâce...

– **à une analyse plus consciente** des composantes de l'apprentissage, de son déroulement et de sa continuité,
– **à la construction** de progressions au sein de l'apprentissage considéré, en fonction de l'activité de l'apprenant,
– **à l'organisation** des enseignements dans la classe, ou entre les classes faisant partie d'un même cycle,
– **au choix** des démarches, des stratégies et des moyens d'enseignement les plus adaptés aux objectifs visés,
– **à l'adaptation** aux objectifs des tâches proposées aux élèves,
– à l'instauration des bases d'un **enseignement plus individualisé**.

Il améliore l'organisation de son travail et de celui de ses élèves par une constitution plus rigoureuse des groupes d'élèves qui tienne compte de leurs acquis antérieurs et de leurs besoins présents, au sein de la classe et au sein du cycle.

Il assure mieux le suivi des élèves par...

– **une évaluation formative** comprenant :
• la prévision d'activités, d'exercices, d'épreuves et de consignes adaptés aux sujets apprenants,
• une évaluation intermédiaire régulière des objectifs atteints dans le cadre plus global de l'apprentissage considéré,
• l'analyse de ces résultats aboutissant au repérage des causes des difficultés, erreurs et échecs des élèves,
• les réponses pédagogiques à leur apporter.
– l'utilisation des **documents de suivi individuel** permettant de considérer précisément et objectivement les progrès de chacun.

Il favorise une meilleure communication...

– avec l'élève pour l'aider à mobiliser ce qu'il savait déjà et à acquérir ce qu'il ne sait pas encore, au travers d'un contrat de travail,

– avec les autres enseignants du même cycle pour y répartir les contenus d'enseignement, analyser les résultats obtenus, et apporter, si besoin, les modifications nécessaires à un meilleur fonctionnement matériel ou à une harmonisation de leurs pratiques pédagogiques au sein du cycle,
– avec les enseignants des autres cycles pour décider du passage d'un élève d'un cycle à l'autre, ou d'un éventuel allongement de sa présence au sein d'un cycle,
– avec les collègues exerçant dans des **établissements différents** pour faciliter, par une information mutuelle précise, le suivi d'un élève,
– avec **les parents**, en les informant objectivement des progrès de leurs enfants, des actions de soutien nécessaires, des motifs et des mesures éventuelles d'allongement ou de réduction du cursus scolaire.

Les limites de la pédagogie par objectifs

Il serait cependant regrettable de penser que l'utilisation d'une liste d'objectifs, aussi détaillée soit-elle, constitue la clé unique et suffisante de la réussite. Une telle pratique deviendrait purement techniciste et inadéquate si elle ne prenait pas en compte, au moins, ces quelques **remarques**.

■ Les contraintes de l'écrit conduisent à adopter, dans l'inventaire des objectifs constituant un apprentissage, un **ordre *a priori***. Mais il ne convient pas, pour autant, d'aboutir à une conception purement linéaire de l'apprentissage dont l'ordre serait scrupuleusement respecté par le maître et par l'élève. En effet, **l'enfant construit son savoir selon une logique qui lui est propre et qui dépend non seulement de ses activités scolaires, mais aussi, et beaucoup, de son histoire et de son vécu extrascolaire**. De cela vont dépendre une série de paramètres, caractéristiques de l'activité de l'élève, et que le maître aura à considérer pour établir ses progressions (rythmes de travail, acquis antérieur, stratégies utilisées, mode d'appropriation des connaissances, etc.).
Exemple: alors que tel élève progressera régulièrement, par paliers, tel autre évoluera très irrégulièrement, par progressions plus rapides ou plus lentes.

■ Tout apprentissage doit, à un moment donné, être aussi considéré dans sa **globalité**. C'est pourquoi, au-delà des séquences élémentaires, distinctes les unes des autres, et répondant à un objectif intermédiaire propre à chacune d'elles, il conviendra de prévoir des **séquences de synthèse**.
Celles-ci auront pour objet de conduire les élèves à la perception, puis à la maîtrise des traits essentiels des notions étudiées, des comportements adoptés et des méthodes employées.
Ceci permettra non seulement de **généraliser** les apprentissages au sein de la discipline enseignée, mais aussi de les **transférer** d'une discipline à l'autre, si ce transfert s'avère réalisable.
Exemple: un enfant sollicité pour effectuer des tris d'objets en Mathématiques devra utiliser la même opération pour procéder à des tris de textes en Français ou de documents en Histoire. Maîtriser l'opération «trier» devient aussi important que réussir la tâche proposée sur le moment.

■ De plus, un même apprentissage doit souvent, pour être acquis en totalité, faire l'objet d'un travail tout au long du cursus. À ce titre, il découle d'une vision «**en continu**» des apprentissages considérés au sein du cycle, et excluant, autant que possible, les ruptures entre cycles. À cette fin, les maîtres doivent, année après année, envisager **une trame de variance** qui a pour but de complexifier l'apprentissage considéré par le nombre de paramètres introduits.

■ Enfin, l'enfant dispose aussi de compétences qui ne se révèlent pas toujours dans le déroulement quotidien de la classe. Ainsi en est-il de l'élève capable de raconter un film, d'inventer une devinette ou de commenter une image sans pour autant réussir en classe dans une situation identique. C'est en «dé-scolarisant» les activités proposées aux élèves que l'enseignant pourra favoriser l'émergence de ces aptitudes, et la prise en compte d'un savoir qui ne doit pas rester ignoré.

ÉLÉMENTS DE PÉDAGOGIE DIFFÉRENCIÉE

«C'est en **1973** qu'apparaît, sous ma plume, l'expression "pédagogie différenciée". La différenciation de la pédagogie apparaissait désormais comme **une nécessité pédagogique et non plus institutionnelle**, dans un système unifié chargé d'enseigner à des élèves tout venant. La pédagogie différenciée devient dès lors la différenciation de la pédagogie, c'est-à-dire une forme de la pédagogie de maîtrise, nourrie des apports de l'analyse des objectifs et des situations d'apprentissage[1]. »

Louis Legrand

«Pas une seule méthode d'enseignement ne peut être recommandée sans réserve [...] De nombreuses études indiquent que l'emploi d'une **méthode exclusive peut être une cause d'échec**. Toute pratique exclusive d'une méthode apparaît désormais comme de la mauvaise pédagogie[2].»

E. Malquist

«Si vous demandez à certains de sauter 1,90 m et que les autres transportent 300 kg de pierres à 200 m [...] **si vous cherchez la variété qui existe dans la réalité sportive, qu'on fait semblant d'oublier dans l'ordre intellectuel, vous aurez automatiquement des «excellences» qui se mettent en place**[3]. »

André de Peretti

1. «D'où vient l'idée de pédagogie différenciée?», revue *Réussir*, octobre 1987.
2. *Les difficultés d'apprendre à lire*, A. Colin, Paris.
3. «La différenciation pédagogique», revue *Réussir*, octobre 1987.

«**Les enfants sont trop différents les uns des autres pour qu'une même méthode soit la meilleure pour tous.**»

IO, 1972

«C'est ainsi que, en respectant l'intégrité du sujet et sans renoncer à notre projet de l'instruire, en tension permanente entre le «fais comme tu veux» et le «fais comme je veux», peut s'ébaucher **un vouloir commun, un vouloir apprendre**[4].»

Philippe Meirieu

« L'enfant-élève »

Il est à remarquer que les textes officiels récents utilisent couramment le terme **d'«enfant»**, considéré dans sa «réalité psychologique, physiologique et sociale», à côté de celui, plus habituel et plus général, **d'«élève»**.
L'emploi fréquent de ces deux mots, au singulier qui plus est, révèle cette volonté de voir considérer l'écolier non pas comme le membre, plus ou moins anonyme, d'un groupe, mais comme un individu spécifiquement caractérisé. Ceci implique, pour le maître, un regard nouveau, élargi, porté sur **l'«enfant-élève»**.
Une telle modification de point de vue se traduit par la nécessité, pour le maître, de cerner au plus près cette **singularité de l'apprenant**, et de reconnaître que tout groupe d'élèves est composé d'individus fondamentalement différents car uniques.

4. *Apprendre oui, mais comment?*, ESF, Paris.

Tout groupe est, par essence, hétérogène

Les disparités physiques, certes, mais aussi intellectuelles, affectives, sociales et culturelles, font que **tout groupe est, par essence, hétérogène**.

L'homogénéité de la classe, souvent évoquée avec nostalgie, relève bien plus du mythe que de la réalité : une classe, même composée exclusivement d'élèves de même âge et de même niveau, si tant est que l'on puisse parler objectivement de niveaux identiques, ne verra pas, pour autant, disparaître en son sein les différences de rapidité dans l'exécution d'une tâche, de procédés mis en œuvre pour comprendre une leçon, d'attitudes face à une consigne, de facilité pour mémoriser une information, etc.

Reconnaître l'hétérogénéité de la classe

Reconnaître la diversité des élèves ne revient pas à cantonner chacun d'eux dans sa singularité, voire à le marginaliser au nom de ces différences.

Reconnaître ces différences, c'est, pour le maître, en prendre conscience et en tenir compte, et, pour l'élève, tirer parti des différences des autres élèves.

Différencier la pédagogie

Différencier la pédagogie, c'est donc s'appuyer sur les caractéristiques propres à chaque élève pour mettre en œuvre, de manière plus efficace, sa pédagogie, sans pour autant rompre avec les exigences et la logique inhérentes aux apprentissages.

Nous nous appuierons pour cela sur l'excellent ouvrage de Philippe Meirieu[1] qui propose aux maîtres des outils pour comprendre l'élève et l'aider à apprendre mieux.

Il va de soi qu'il ne s'agit ici que d'une **simple approche** de la pédagogie différenciée. Nous conseillons donc aux enseignants d'approfondir leur réflexion dans ce domaine, certes complexe, par les mises en œuvre qu'il induit, mais incontournable quant à son influence déterminante sur la **réussite** des élèves.

Nous emploierons essentiellement dans cet ouvrage l'expression « pédagogie différenciée » qui inclut les autres concepts de **pédagogie variée** et de **pédagogie diversifiée**[2], et qui fait partie, à l'heure actuelle, de la terminologie adoptée par les enseignants.

Les caractéristiques de l'apprenant

Ses références culturelles

- **S'intéresser à l'élève**

– *Quelles sont ses références culturelles ?*

– *Quels sont ses centres d'intérêt ?*

– *Comment vit-il son actualité et se représente-t-il son devenir scolaire ?*

---

1. *Apprendre oui, mais comment ?*, ESF, Paris.

2. « Pédagogie variée » : faire varier successivement les méthodes pour que les élèves trouvent celle qui leur est le mieux adaptée.
« Pédagogie diversifiée » : les objectifs sont communs mais les moyens de les atteindre peuvent être différents (rythmes et stratégies d'apprentissage).

• **Différencier la pédagogie**
– Tenir compte, dans les situations d'apprentissage, des références culturelles de l'élève tout en l'aidant à considérer d'autres références culturelles que les siennes.
Exemple: veiller au choix des textes à lire et aux situations production d'écrits.
– Ancrer ces situations d'apprentissage sur ce qui l'intéresse, tout en le conduisant à faire un effort pour se centrer sur des situations qui lui sont étrangères.
– Finaliser les apprentissages.
Exemple: à quoi ça sert d'apprendre à lire, pourquoi faut-il diversifier ses propres modalités de lecture?...

Ses habitudes de travail

• **S'intéresser à l'élève**
– Son travail doit-il être **programmé et vérifié** régulièrement par l'enseignant ou préfère-t-il **s'organiser lui-même**?
– Doit-il en connaître la finalité ou découvrir les objectifs au fur et à mesure de la tâche à effectuer?

• **Différencier la pédagogie**
– Proposer, à certains moments, des **contrats** de travail.
Certains enfants sont très compétents dans un domaine donné, mais se montrent peu autonomes pour s'engager dans le travail ou le conduire à son terme: ils ont alors besoin du soutien du maître qui peut se manifester de différentes façons.
– Proposer un même contrat de travail à tous, mais se rendre disponible auprès des plus inquiets, des moins autonomes pour organiser le travail, le planifier, rappeler les consignes.
Exemple: utilisation de fichiers autocorrectifs ou non.
– Proposer des formes de travail différentes qui prennent en compte les habitudes des élèves.
Exemple: l'objectif «comparer deux textes portant sur le même sujet» est le même pour tous, mais certains élèves pourront organiser librement leur travail, d'autres auront besoin d'un questionnaire guide très progressif et très structurant.

Il ne s'agit pas de guider en permanence certains élèves, mais de leur donner progressivement les moyens d'être autonomes face à la tâche et à la situation.

Son rythme et sa capacité de travail

• **S'intéresser à l'élève**
– Travaille-t-il par **séquences brèves et discontinues**, ou ne peut-il travailler que sur de **longues périodes de temps**?
– Passe-t-il **aisément** d'une activité à une autre?
– Réagit-il **rapidement** aux stimulations?
– Préfère-t-il travailler **sans être interrompu** et seulement **après avoir saisi ce qui lui est demandé**?

• **Différencier la pédagogie**
– Veiller à la durée de l'attention de l'élève, à sa capacité d'autonomie, à des segmentations différentes de son travail.
Exemple: il est utile que les élèves apprennent à lire vite, mais rappelons que c'est le fruit d'un apprentissage régulier; approfondir l'étude d'une notion, se fixer plus longuement sur une tâche sont certes des habitudes que les enfants doivent acquérir, mais qui nécessiteront, pour ce faire, que certains élèves bénéficient d'un degré de guidance plus important que pour d'autres.

– Gérer son propre temps d'enseignement en respectant les rythmes et les capacités de travail et d'écoute des élèves, compte tenu des contraintes inhérentes à l'apprentissage lui-même : moduler la durée des séquences, faire alterner la présentation collective et le travail individuel, les approches disciplinaires…

Ses relations aux autres

• S'intéresser à l'élève

– A-t-il besoin du **soutien** et des encouragements constants de l'enseignant ou peut-il s'en passer?

– A-t-il besoin ou supporte-t-il de **travailler avec d'autres** camarades ou préfère-t-il travailler seul, s'isoler physiquement et intellectuellement?

• Différencier la pédagogie

Les élèves se comportent différemment selon l'organisation du travail décidée par le maître : ils n'y font pas toujours la preuve de leurs compétences réelles. Par exemple, les relations de **tutorat** entre élèves montrent que parfois une information se transmet mieux entre pairs. Par ailleurs, le **soutien pédagogique** compris par beaucoup comme une aide, est vécu par certains élèves comme une pression constante et quasi paralysante.

Il apparaît donc indispensable de :

– doser le temps de présence consacré à l'élève, varier les formes d'aide à lui apporter,

– organiser le travail à lui proposer : travail individuel/par petits groupes/par groupes élargis,

– analyser avec les élèves les différentes formes de travail, en repérer les avantages et les inconvénients, les situations au cours desquelles telle forme de travail sera plus efficace qu'une autre, aider certains à assumer leur part de travail personnel, et d'autres à collaborer.

Exemple : la conception d'un journal scolaire nécessite le travail de groupe, la rédaction d'un article est individuelle, la critique des articles est collective…

Ses connaissances

• S'intéresser à l'élève

– Quel est l'état réel de ses **connaissances conceptuelles et méthodologiques** dans le domaine étudié?

– Quelles sont ses **représentations** de telle notion, de tel concept?

– Quels sont les **types de difficulté ou d'erreur** qui font le plus souvent obstacle à son apprentissage?

• Différencier la pédagogie

– **Évaluer** régulièrement ses acquis.

Exemple : repérer son degré de maîtrise de la combinatoire, sa rapidité de lecture, les stratégies de lecture dont il dispose, sa capacité à mobiliser ses idées, à les organiser…

L'évaluation régulière des acquis des élèves, l'observation de ces élèves en cours de réalisation d'une tâche, l'analyse de leurs erreurs ou difficultés conduisent le maître à trouver les réponses pédagogiques les plus appropriées à chacun, et à **organiser des groupes de compétences et des groupes de besoin à l'intérieur de la classe, de plusieurs classes ou de l'ensemble du cycle**.

– S'assurer de la **fiabilité de ses représentations**.

Exemple : en grammaire, le concept de verbe, de sujet.

– Essayer lorsque c'est possible, et avec sa participation, de **comprendre ses difficultés, ses erreurs** : sont-elles liées à la situation qui serait nouvelle pour lui, à une application partielle de la consigne, à des notions non maîtrisées?...

Sa façon de comprendre et d'apprendre

• S'intéresser à l'élève

– Pour comprendre une situation, mémoriser une information, a-t-il besoin d'une évocation le plus souvent **auditive ou visuelle**?

– A-t-il besoin qu'on lui répète ou qu'il **reformule lui-même** une explication, une consigne?

– Préfère-t-il **passer d'abord par l'écrit** avant de s'exprimer verbalement?

• Différencier la pédagogie

– Diversifier les manières de présenter une consigne, un exercice, une explication, une notion nouvelle face à un groupe ou à un élève particulier.

Exemple: le maître dispose de plusieurs moyens de présenter une consigne: la dire, la reformuler, l'écrire, la coder, conjuguer ces différents moyens, passer de l'un à l'autre tout au long d'une même séquence, en alterner l'emploi d'une séquence à l'autre, sans privilégier l'un au détriment des autres.

– Diversifier les façons de restituer et de faire restituer par l'élève l'essentiel de ce qu'il a compris ou le résultat de son travail.

Sa manière de réfléchir

• S'intéresser à l'élève

– Le point de départ de sa réflexion est-il **analytique ou synthétique**?

– Son raisonnement est-il **inductif ou déductif** ? Va-t-il du général au particulier ou de l'exemple à sa généralisation?

– Apprend-il en établissant des **liens entre les notions ou en les opposant** pour en découvrir les caractéristiques essentielles?

• Différencier la pédagogie

– Alterner, dans la présentation des séquences, les éléments d'analyse et de synthèse, d'induction et de déduction.

Le maître, en fonction de sa propre façon de réfléchir, privilégie, de fait, une manière de présenter une notion, de concevoir un exercice, de rédiger une consigne; s'il en est conscient, il pourra détecter chez ses élèves leur manière de réfléchir. Il pourra, par la suite, tenir compte de leur diversité en présentant une même notion de différentes manières, ou en alternant les types de présentation d'une séquence à l'autre.

Exemple: une méthode de lecture, même si elle est réputée efficace et maîtrisée par l'enseignant, n'est pas nécessairement efficace pour tous les enfants. Les méthodes syllabique, analytique, globale, idéovisuelle... ne font pas appel aux mêmes capacités de réflexion des élèves. Il est utile de connaître ces méthodes pour adapter son enseignement à un ou plusieurs enfants particulièrement en échec face à telle méthode privilégiée par le maître.

Ainsi la pédagogie différenciée doit-elle s'appuyer sur les caractéristiques du sujet apprenant mais elle a également pour objectif de lui permettre de **diversifier ses propres stratégies d'apprentissage**.

Le maître l'aidera à y parvenir progressivement:

– s'il diversifie lui-même ses méthodes d'enseignement,

– s'il incite l'élève à expliciter sa propre stratégie d'apprentissage,

– s'il l'encourage à mettre en œuvre celles, avérées efficaces, d'autres élèves,
– s'il l'aide à choisir enfin la stratégie la mieux adaptée à l'objectif visé.

La différenciation pédagogique consiste donc en une adaptation régulière et réciproque de l'apprenant et de l'enseignant aux contenus notionnels, méthodologiques et comportementaux, au sein d'un groupe dont l'hétérogénéité constitue un creuset de ressources dans lequel il revient à chacun de puiser intelligemment.

Elle suppose, pour le maître, **des qualités d'écoute, d'adaptabilité et de créativité** quant aux progressions, aux méthodes et à l'organisation pédagogiques. Elle exige également de lui un **réalisme** certain pour **constamment ajuster son projet de différenciation pédagogique aux ressources et contraintes tant personnelles qu'institutionnelles**.

ÉLÉMENTS D'ÉVALUATION FORMATRICE

Formatrice ou formative ?

Il nous semble intéressant de réserver, dans le cadre de cet ouvrage, une place à un concept relativement « nouveau » : le concept d'évaluation formatrice qui s'inscrit dans la suite logique de l'évaluation formative et la complète. Si l'évaluation formative se propose d'affiner les outils de mesure, d'apporter des informations sur la démarche de l'apprenant et de permettre ainsi les nécessaires régulations pédagogiques, l'évaluation formatrice,elle, tout en l'incluant, y **associe étroitement l'élève**. Celui-ci est considéré non plus seulement dans son rapport au savoir, mais dans son rapport à l'acquisition de ce savoir : **l'appropriation progressive par l'élève des critères d'évaluation des enseignants, la pratique de l'auto-évaluation, l'analyse et la gestion de ses propres erreurs constituent dès lors des compétences à construire**. Celles-ci feront, bien entendu, l'objet d'un enseignement de la part des maîtres. À ce titre, nous pouvons, comme ses concepteurs, considérer l'évaluation formatrice comme « une discipline à part entière » qui traverse la totalité des champs disciplinaires.

Cinq étapes à ménager

Cinq étapes doivent être ménagées pour aider l'élève à la réalisation d'une tâche, quelle qu'elle soit :
– **la représentation du but** du produit attendu, défini le plus concrètement possible. C'est la connaissance que doit avoir l'enfant de l'enjeu, de la finalité de la tâche, mais c'est aussi la représentation qu'il se fait de la tâche à réaliser compte tenu des consignes fixées par l'enseignant. *Exemple :* l'idée que se fait l'élève d'une lettre à rédiger ou de la façon dont il lui faut répondre à des questions portant sur un texte lu précédemment. Cette étape de confrontation des représentations de l'élève aux exigences du maître, la régulation qui s'ensuit, diminue les risques d'échec dus à une représentation non conforme au modèle de référence du maître ;
– **l'anticipation** permet à l'enfant de mesurer à l'avance la portée d'un acte ou d'une décision sur la tâche à réaliser et sur l'objectif à atteindre.
Exemple : lorsqu'un élève écrit un conte, il choisira tel objet magique plutôt que tel autre, car c'est justement celui qui facilitera plus tard la résolution d'un problème posé au héros. Il lui faudra de même anticiper les actions à accomplir pour trouver les documents nécessaires à la préparation d'un exposé.
Cette anticipation conduit l'élève à combattre son impulsivité et à considérer son travail comme une suite d'étapes logiques qui se combinent les unes aux autres ;
– **la planification de la tâche** constitue l'étape qui conduit l'élève à choisir l'ordre dans lequel son travail sera réalisé, l'itinéraire à suivre pour se rapprocher peu à peu du but escompté.
Exemple : si l'enfant doit rédiger un récit de fiction, il aura à imaginer une histoire, caractériser ses personnages, leur place dans l'histoire, décider du plan, construire le récit, rédiger le texte…

– **l'exécution de la tâche**, phase au cours de laquelle l'élève procède à la réalisation du travail projeté, conformément à la planification préalablement prévue;
– **le contrôle de l'exécution** est permanent, concomitant à celui de la réalisation de la tâche.

En fait, tout se passe comme si l'enfant procédait à un contrôle permanent de ses actions par comparaisons et vérifications successives: il veille à bien respecter les étapes prévues, à les respecter toutes sans en oublier, il vérifie s'il se rapproche bien du but visé chaque fois qu'une étape est franchie, il vérifie que le produit fini est bien conforme à la représentation qu'il a du produit attendu, etc. Cet autocontrôle permanent est une composante naturelle de l'action qui, tout au long du processus, depuis la phase initiale jusqu'à l'achèvement de la tâche, va jouer le rôle de régulateur et conduire l'élève à modifier sa représentation, à reconsidérer sa planification, à orienter différemment son anticipation, ou à adapter son exécution.

La prise en compte de l'ensemble de ces éléments constitutifs d'une démarche d'évaluation qui se veut formatrice, c'est-à-dire une démarche de régulation conduite par celui qui apprend, réclame de la part de l'élève **une constante et importante activité de métacognition**, qui conditionne la réussite de son travail.

Il est clair que les élèves ne peuvent maîtriser ces outils que si l'enseignant traite ces derniers comme des objets d'apprentissage, c'est-à-dire s'il consacre du temps pour aider à leur identification, à leur **construction** et à leur **utilisation consciente**.

Ceci amène l'enseignant à gérer, tout au long de cet apprentissage, un **temps de guidance** qui va conduire l'enfant d'une **activité guidée** par l'adulte à une **activité autorégulée**.

Exemple: lors de la production d'un texte d'un type particulier, l'enseignant va instaurer des moments au cours desquels il demandera à l'enfant de verbaliser et de décrire la représentation qu'il a de son texte, d'en contrôler les caractéristiques (formelles, orthographiques, morphosyntaxiques, etc.), allant même jusqu'à lui indiquer ses erreurs. Puis, peu à peu, il va l'initier à l'utilisation de fiches-guides qui lui permettront de contrôler les mêmes paramètres en se passant de plus en plus de l'aide de l'adulte, jusqu'à intégrer cette pratique dans une démarche naturelle et autonome qui lui permettra de réaliser ce type de tâche sans recourir à des outils extérieurs puisqu'il les aura maîtrisés.

Le schéma suivant montre bien la diminution progressive du temps de guidance, au profit d'une activité de plus en plus autorégulée par l'élève, au fur et à mesure que s'accroît sa maîtrise de l'apprentissage considéré:

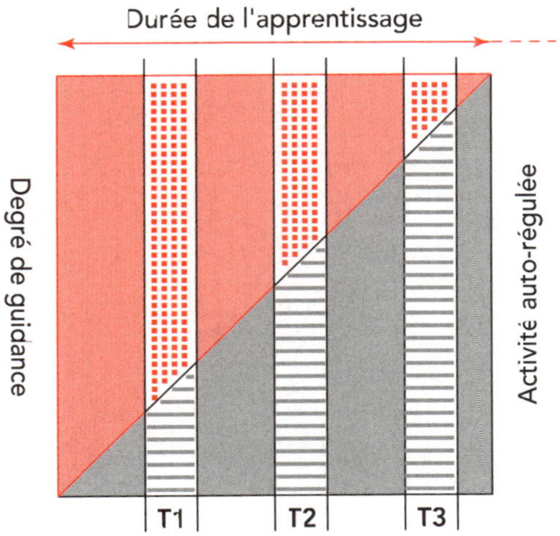

Troisième partie

La maîtrise de la langue à l'école

- Parler, lire et écrire pour communiquer
  - La situation de communication
  - Enseigner la langue aux élèves
  - Le fonctionnement didactique
- L'acte d'écrire
  - La problématique de l'élève : la gestion de la tâche
  - Les paramètres de l'acte d'écrire
- L'acte de lire
  - Qu'est-ce que lire ?
  - Une situation de communication avant tout
  - La problématique de l'élève : la gestion de la tâche
  - La problématique du maître : poursuivre l'apprentissage
  - Lire en Grande Section
  - Choisir une méthode de lecture

PARLER, LIRE ET ÉCRIRE POUR COMMUNIQUER

> «La nouvelle politique pour l'école primaire, dans laquelle l'organisation en cycles tient une place essentielle, invite à prendre en compte, autant qu'il est possible, les acquis, les procédures et les rythmes d'apprentissage de chaque enfant. Objectif prioritaire de l'école primaire, la conquête de la langue suppose que tout soit mis en œuvre pour respecter ce principe.»[1]

L'excellent ouvrage *La Maîtrise de la langue à l'école*[1] informe l'enseignant de l'état actuel de la recherche en matière d'apprentissage de la langue à l'école et lui «fournit un ensemble d'orientations pédagogiques cohérentes» qui l'aideront à organiser son enseignement.
Il nous paraît nécessaire d'insister sur certains points particulièrement déterminants dans le cadre de l'enseignement de la langue dispensé aux élèves.
Parler, lire et écrire sont trois activités qui nous permettent d'établir, au moyen de la langue, une relation entre une pensée (la nôtre ou celle d'un auteur) et sa représentation.
La fidélité, l'exactitude et la clarté de l'expression conditionnent alors le degré de compréhension de la pensée exprimée.
Ceci ne peut s'admettre que si l'on a quelque chose à apprendre soi-même (s'informer), ou à apprendre aux autres (informer).

1. Ministère de l'Éducation nationale et de la Culture – Direction des Écoles, *La Maîtrise de la langue à l'école*, CNDP – Savoir-Lire, 1992.

C'est dire qu'en réception comme en production, l'élève se trouve constamment en situation de communication.

La situation de communication

ÉMETTEUR	TRANSMISSION DU → MESSAGE →	RÉCEPTEUR
... de la pensée de l'auteur		... du texte
MESSAGE		MESSAGE
... au texte		... à la pensée de l'auteur
SITUATION DE PRODUCTION		SITUATION DE RÉCEPTION

C'est également dans ce cadre que vient obligatoirement s'inscrire la stratégie de l'enseignant.

Enseigner la langue aux élèves

Constats

Il ne viendrait à l'esprit d'aucun enseignant d'exiger des élèves la maîtrise des mécanismes opératoires de la division en mathématiques sans les placer, au préalable, en situation d'apprentissage s'y rapportant.

Tout le monde sait qu'il s'agit là d'un travail difficile, ardu même, et qui nécessite, outre un long entraînement, une progression minutieuse, l'appropriation d'une technique particulière, une maîtrise de la disposition des chiffres, la connaissance des nombres, des tables de multiplication, le respect de l'ordre des opérations, etc., en un mot l'utilisation d'un ensemble de compétences que l'on sait non encore maîtrisées par l'élève, ou même inconnues de lui.

Il convient d'examiner dans le détail si, s'agissant des apprentissages relatifs à la langue, notre démarche s'avère aussi rigoureuse. En fait, il n'est ni rare ni extraordinaire de voir un enfant mis en situation de réception ou de production, à l oral comme à l'écrit, sans qu'aucun apprentissage spécifique, relatif aux caractéristiques de la tâche à entreprendre, ne vienne préalablement faciliter le travail demandé.

En effet, lorsqu'un enseignant demande à un élève d'écrire un récit, une lettre, ou un résumé, s'assure-t-il toujours, au préalable, de la connaissance que doit avoir l'enfant du type de texte attendu ou de sa forme extérieure? A-t-il exercé l'enfant à élaborer sa pensée, à mobiliser ses idées ou à les traduire dans un registre de langue adapté? L'a-t-il aidé à savoir choisir entre plusieurs plans, à utiliser à bon escient un vocabulaire spécifique, ou encore à maîtriser les techniques d'écriture?

Le plus souvent non, contrairement à l'exemple pris en mathématiques.

Nous pouvons comprendre alors l'inexorable lassitude, et la démotivation croissante de l'élève qui doit «faire» sans avoir appris «comment faire».

Ainsi s'explique également que tant d'efforts dispensés en temps et en énergie par les enseignants, aboutissent fréquemment à des progrès peu spectaculaires, et souvent à beaucoup de déception.

Éléments d'analyse

Il semblerait qu'au moins deux données insuffisamment prises en compte viennent parasiter l'édifice didactique.

a) Le rapport langue orale / langue écrite

En effet, les élèves utilisent en situation de communication orale, depuis leur enfance, leur langue maternelle, instrument d'expression privilégié.

Ils construisent des phrases, souvent correctes, racontent, dialoguent, explicitent leur pensée à l'interlocuteur présent, etc.

De là à croire qu'ils sont tout aussi **naturellement capables** de formuler par écrit leur pensée (ou de comprendre celle d'autrui), il n'y a qu'un pas; or **ON N'ÉCRIT PAS COMME ON PARLE!**

La langue écrite obéit à des contraintes de situation, de forme et de fond différentes de celles qui régissent l'utilisation de la langue orale.

Il revient donc bien à l'enseignant de consacrer du temps au «comment faire», en production comme en réception, pour que l'enfant apprenne à exprimer sa pensée et à comprendre celle de l'autre, dans le cadre d'un texte particulier, avec un registre de langue particulier et des modalités d'expression particulières.

b) La place des disciplines outils

Cette pratique naturelle a, certes, permis à l'enfant d'acquérir une connaissance implicite, **mais seulement implicite**, du fonctionnement de sa langue maternelle.

Or nombre d'enseignants considèrent que cette pratique naturelle repose sur une connaissance explicite du fonctionnement de la langue.

Ceci relève de l'erreur didactique.

Le rôle de l'enseignant consiste bien à aider progressivement les élèves à maîtriser les règles qui régissent leur langue et les mécanismes auxquels elle obéit, et ce pour leur permettre, en fonction des situations dans lesquelles ils se trouvent, de mieux comprendre tout ce qu'ils disent, entendent, lisent ou écrivent.

Cependant, l'école ne vise pas la formation de grammairiens ou de linguistes, mais de **lecteurs** et de **producteurs de messages** écrits ou oraux, et dont l'efficacité dépendra aussi (mais pas uniquement) de la maîtrise de plus en plus affirmée des outils de l'expression que sont la grammaire, le vocabulaire, et l'orthographe.

Il convient donc d'admettre que l'enseignement de la lecture, de la production d'écrits et de l'expression orale ne peut et ne doit pas occuper la même place ni le même temps que celui de la grammaire, du vocabulaire, de l'orthographe ou de la conjugaison.

On n'apprend pas la marche à un enfant en lui expliquant les lois de l'équilibre. Il marche, il découvre leur (dure) réalité et en tire profit.

De même, on ne lui apprendra pas à mieux parler, lire et écrire uniquement en lui enseignant et en lui faisant répéter des règles, des exceptions et autres listes de mots.

On l'aidera bien plus efficacement en le plaçant en situation de communication écrite et orale et en le conduisant à découvrir les contraintes de sa langue, à les comprendre et à les maîtriser peu à peu pour améliorer ses productions.

Il est d'ailleurs intéressant de remarquer que cette différence se manifeste, dans le livret de compétences à acquérir au cours des cycles, par une mise en page particulière pour la présentation de ces disciplines : la lecture, l'expression écrite et l'expression orale concernent des « **objets de production** » alors que la grammaire, le vocabulaire et l'orthographe sont présentés comme des « **outils** » **au service de l'activité de production ou de réception**.

Il est clair que considérer ces dernières comme des disciplines séparées et sans lien entre elles, les traiter en tant que telles en comptant sur un réinvestissement toujours hypothétique et jamais vérifié s'avère totalement stérile et inopérant.

Placer régulièrement, et le plus fréquemment possible, l'enfant en situation de communication (en production comme en réception, orale et écrite) s'avère bien être **l'action première** de l'enseignant ; celle qui concerne le travail réflexif, en grammaire, conjugaison, orthographe et vocabulaire, loin d'être secondaire ne peut être que **seconde**.

Toutefois, afin de répondre aux nécessités de l'analyse et pour bénéficier d'une plus grande aisance dans la présentation de l'ouvrage, nous nous trouvons contraints de traiter séparément les compétences propres à chaque discipline.

Il convient cependant de garder constamment présent à l'esprit :

a) la contemporanéité des difficultés que ces disciplines induisent dans l'activité de production ou de réception de l'enfant,
b) les liens qu'elles entretiennent entre elles : par exemple l'identification des homonymes grammaticaux et leur écriture orthographique,
c) l'influence qu'elles exercent sur la compréhension du message dit, écrit ou lu.

Le fonctionnement didactique

Ainsi se dessinent alors parallèlement les buts de l'enseignant et **les apprentissages** auxquels se livre l'élève.

Les buts de l'enseignant

En amont de la situation de production ou de réception :
– enrichir le référent culturel de l'enfant ;
– familiariser l'enfant avec des modèles différents, des supports diversifiés, à l'oral et à l'écrit.
Durant l'activité proprement dite :
– mettre régulièrement l'enfant en situation de réception comme en situation de production, à l'oral comme à l'écrit ;
– observer et analyser les comportements et les performances des élèves ;
– analyser les difficultés constatées et les erreurs relevées.
Dans le prolongement immédiat de l'activité :
– aider l'enfant à prendre conscience de ses difficultés et erreurs par une étude progressivement plus explicite des règles qui régissent le fonctionnement de la langue ;
– veiller à un réinvestissement par un retour à l'activité initiale de production ou de réception.
Dans le prolongement différé de l'activité :
– aider l'enfant à maîtriser aux plans comportemental, cognitif et méthodologique les attitudes, les techniques, les stratégies et les outils indispensables à une pratique éclairée de la langue.

Les apprentissages auxquels se livre l'élève

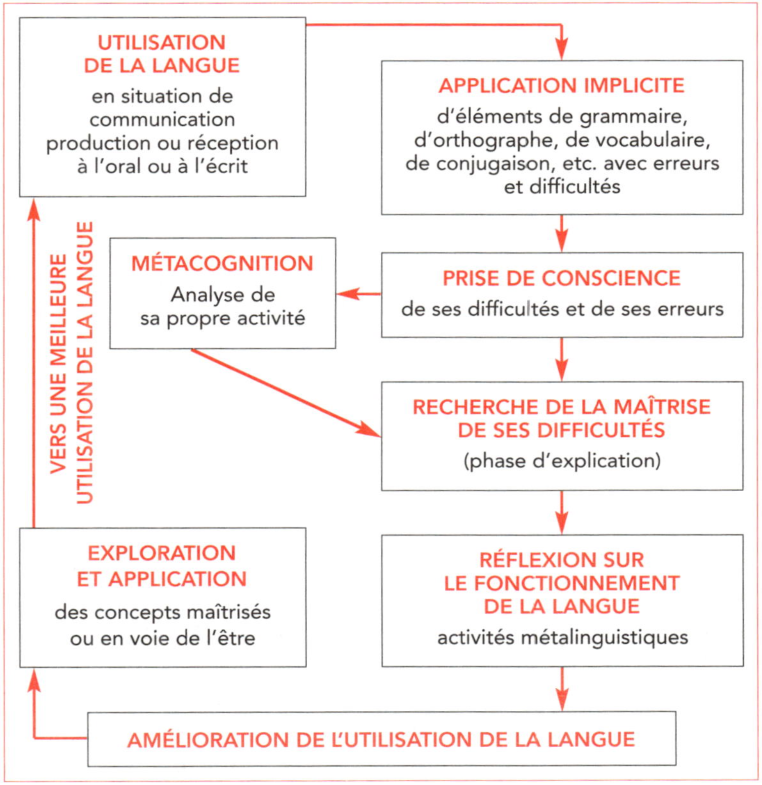

L'ACTE D'ÉCRIRE

La problématique de l'élève : la gestion de la tâche

L'enfant rencontre, face à l'apprentissage de l'écriture, des difficultés qui relèvent de plusieurs domaines différents.

• **Domaine cognitif.** Connaître les caractéristiques des types de textes auxquels il est fait référence dans la classe. Écrire un texte en respectant les contraintes qu'imposent son appartenance à un type particulier de textes (récits, bulles, légendes, etc.), et les règles de fonctionnement de la langue, etc.

• **Domaine comportemental.** Vouloir écrire et adopter les comportements d'écrivant qui recherche des outils pour transmettre les éléments nécessaires à la communication de son message.

• **Domaine technique.** Adopter, parmi plusieurs plans possibles, celui qui sert le mieux son texte et son intention. Utiliser à bon escient la ponctuation. Trouver des idées. Appliquer des procédés rhétoriques, etc.

• **Domaine méthodologique.** Comment s'organiser ? Dans quel ordre traiter les problèmes recensés ? Quelles stratégies adopter ? Où trouver les outils nécessaires ?

À cela il convient d'ajouter un obstacle conjoncturel, qui loin d'être négligeable, est sans doute le plus important : **la contemporanéité des éléments**. Tout se passe en effet comme si l'élève devait régler toutes ces difficultés **qui se présentent simultanément à lui**, de manière naturelle, immédiate et spontanée, **en un temps toujours trop limité, et souvent sans avoir appris à le faire**. Force est de reconnaître que la tâche est considérable !

Il convient donc de fuir toute pédagogie attentiste qui consiste à croire que quand, et seulement quand les enfants sauront matériellement écrire, maîtriser les règles de grammaire, d'orthographe et de conjugaison, ils sauront écrire et produire des textes.

Ce serait là ignorer totalement les caractéristiques et les spécificités de l'acte d'écrire, et priver les élèves des apprentissages fondamentaux indispensables non seulement à la réussite de leur scolarité, mais aussi à une insertion sociale et culturelle harmonieuse.

Cette mission éminemment importante pour le maître, ne peut réussir que si sa démarche se construit de manière rigoureuse en relation avec l'ensemble des maîtres de l'école d'une part, et, d'autre part, si elle se fonde sur les paramètres de l'acte d'écrire, considérés dans le détail.

Les paramètres de l'acte d'écrire

Pour définir cette démarche, il convient de considérer les différents éléments constitutifs de l'acte d'écrire à chaque étape du travail de l'enfant :

– compréhension de la situation de communication et de ses différents paramètres,
– recherche, élaboration et organisation des idées,
– mise en forme du texte,
– écriture du texte,
– réécriture éventuelle du texte.

Gérer de façon simultanée l'ensemble de ces paramètres est quasi impossible pour l'élève. Il revient donc au maître de faire travailler par l'élève, **dans un premier temps**, l'un ou l'autre de ces paramètres (*ex.:* apprendre à produire des idées) puis, **dans un second temps**, de lui donner les moyens de traiter progressivement l'ensemble de ces paramètres.
On pourra donc insister plus particulièrement sur un aspect ou sur la démarche complète de production de textes, mais toujours avec le souci de placer l'élève en situation réelle de communication.
Exemple: compétence: Être capable d'écrire une lettre.
Situation de communication: demander à un auteur de romans pour enfants de collaborer avec la classe à l'écriture d'un livre.

Cinq étapes sont envisagées.

• **Compréhension de la situation de communication** et de ses différents paramètres: il s'agit de faire préciser par l'enfant l'objet du message à transmettre et l'enjeu de la communication d'une part, et, d'autre part, de l'entraîner à mobiliser les connaissances acquises en réception de textes et en lecture.
Cette étape est fondamentale, car l'enfant n'est pas en situation de création pure, mais de **re-création**. Il doit se remettre en mémoire les éléments appris lors des séances d'analyse et de réception de textes (élaboration collective d'instruments de référence portant sur les caractéristiques de ces différents textes) afin de les utiliser en vue de produire sa lettre.

• **Recherche, élaboration et organisation des idées**: au cours de cette étape, l'élève va mobiliser des idées concernant la situation de la classe, la demande, la réponse souhaitée, puis il aura à sélectionner celles qui lui paraîtront les mieux adaptées au projet de communication; enfin, il devra choisir le plan de présentation des idées le plus adapté.

• **Mise en forme du texte**: cette phase révélera l'aptitude de l'élève à repérer, par anticipation sur l'écriture proprement dite, les caractéristiques de présentation du texte (date, signature, formule convenable, mise en paragraphes, etc.).

• **Écriture du texte**: c'est au cours de cette étape de mise en mots et de mise en phrases de ses idées que l'élève aura à la fois à utiliser correctement les compétences acquises par ailleurs (syntaxe, orthographe, vocabulaire, éléments de mise en page, etc.) et à contrôler, à différentes étapes, que, progressivement, sa production se rapproche de la représentation initiale du texte.

• **Relecture et réécriture éventuelle du texte**: cette étape va permettre à l'enfant, par une mise à distance critique de son texte, de comparer sa production finale au produit défini au départ, de la confronter au type de texte de référence par l'utilisation d'un guide de relecture, de vérifier le respect des critères de forme extérieure (présentation), de contenu (lisibilité et communicabilité aux plans sémantique, morphosyntaxique, orthographique), de fidélité entre le message à envoyer et le message effectivement écrit, de repérer les éléments à modifier, de proposer et d'effectuer les modifications nécessaires.

Pour permettre à l'enfant de produire des textes tout au long de son cursus, l'ensemble des maîtres de l'école doit s'organiser pour que chacun de ces éléments soit l'objet, au cours de sa scolarité, d'un apprentissage régulier et suivi, donnant lieu à **un entraînement quotidien et à une évaluation continue**.

L'ACTE DE LIRE

Qu'est-ce que lire ?

Plusieurs définitions

De nombreuses définitions de l'acte de lire existent. En proposer une de plus reviendrait à alourdir inutilement la liste de ces définitions qui, d'une certaine façon, sont toutes justes et ne s'excluent pas systématiquement. Bien au contraire, elles nous paraissent complémentaires dans la mesure où elles portent chacune sur un aspect différent mais constitutif de l'acte de lire, et de l'activité que met en œuvre l'enfant pour lire.

Quelques points d'accord

Au-delà d'un point fondamental de désaccord qui porte sur les activités de déchiffrage dans les premiers apprentissages, les praticiens et les chercheurs qui se sont intéressés à l'acte de lire se sont entendus sur les points suivants :

– « La compétence du lecteur **ne peut en aucun cas se réduire à la maîtrise de la combinatoire** [...] la lecture est recherche et ponctions oculaires de sens [...] et, également, possibilité de distance critique à l'égard du texte.(1) »

– « La nécessité de développer des situations d'apprentissage par tâtonnement régulé. Il ne s'agit pas seulement dans la lecture d'un dressage, mais d'un **véritable apprentissage où l'élève cherche à résoudre des problèmes** par une activité d'observation, de tri, de classement, opérés sur la langue orale et écrite [...] même pour ceux qui mettent l'accent sur la combinatoire, [...] il y a une activité de recherche nécessaire dans cette combinatoire, qui n'est pas seulement un dressage du type stimulus-réponse.(1) »

– « La nécessité de créer un environnement favorable à la lecture [...] de créer une abondance d'écrits dans la salle de classe, et cela sous toutes ses formes [...] de varier les situations de lecture et la nature des textes lus, textes informatifs, techniques, distractifs, poétiques, etc. [...] donc de ne pas s'en tenir aux manuels ou de concevoir les manuels d'une autre façon.(1) »

Une situation de communication avant tout

Quelle qu'en soit donc la définition, l'acte de lire se situe toujours dans une **situation de communication** : il est clair que lorsque l'enfant lit, il cherche à **COMPRENDRE LA PENSÉE D'AUTRUI** à travers un média (par l'intermédiaire de...) : le langage écrit.

La particularité de cette situation de communication tient à ce qu'elle est différée.

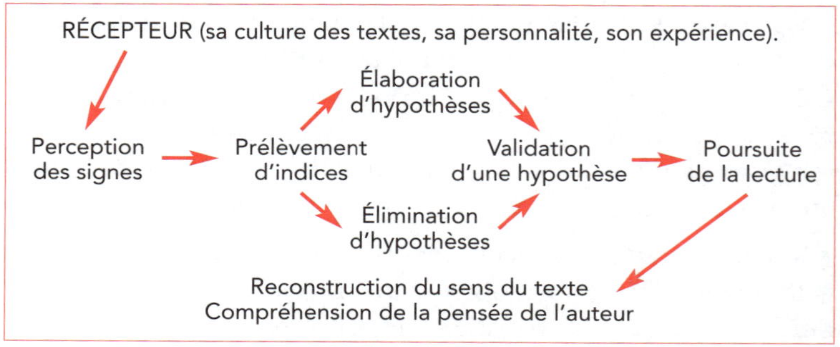

La problématique de l'élève : la gestion de la tâche

L'enfant doit faire preuve, face à l'apprentissage de la lecture, de compétences qui relèvent de plusieurs domaines différents.

- **Domaine cognitif** : se familiariser puis connaître les caractéristiques des types de textes auxquels il sera progressivement confronté. Cette connaissance facilitera son accès au sens et l'aidera à choisir la modalité de lecture qui convient au type de texte.
- **Domaine comportemental** : vouloir lire pour rêver, penser, apprendre, agir, communiquer, et adopter le comportement de lecteur qui convient à chacune de ces fonctions.
- **Domaine technique** : maîtriser la combinatoire. Connaître plusieurs modalités de lecture. S'entraîner à mémoriser les diverses informations contenues dans un texte, les mettre en relation pour construire progressivement le sens du texte.
- **Domaine méthodologique** : adapter son mode de lecture aux types de textes, aux fonctions des supports, au but que l'élève s'est donné.

La problématique du maître : poursuivre l'apprentissage

Mettre en évidence que l'acte de lire nécessite des apprentissages cognitifs, techniques, méthodologiques et comportementaux ne suffit pas. Pour de nombreux enseignants, l'apprentissage de la lecture se limite encore à l'acquisition systématique et structurée du code.

Si **l'apprentissage instrumental** est **nécessaire** à l'acte de lire, il n'est pas suffisant pour permettre aux enfants de lire efficacement une poésie, un énoncé de problème ou la description d'une expérience scientifique : « la majorité des "mauvais en mathématique" est constituée d'élèves qui n'ont jamais appris à développer **un comportement de lecture pertinent** devant un écrit de ce type.(1) »

L'apprentissage de la lecture doit donc **se poursuivre de façon diversifiée tout au long de la scolarité**.

Cela suppose que le **temps**(2) consacré à la lecture de textes, dont certains poseront de véritables problèmes de compréhension, soit effectif et pas essentiellement utilisé à répondre à des questions (souvent de même nature) dont le seul but est de vérifier la compréhension (souvent très parcellaire) du texte.

Apprendre à découvrir et à construire progressivement le sens d'un texte, y trouver du plaisir même si le texte est complexe, ambigu, éloigné culturellement du monde du lecteur, tels doivent être les objectifs des maîtres.

« **La nouvelle politique pour l'école primaire**, dans laquelle l'organisation en cycles tient une part essentielle, invite à prendre en compte, autant qu'il est possible, les acquis, les procédures et les rythmes d'apprentissage de chaque enfant. Objectif prioritaire de l'école primaire, **la conquête de la langue** suppose que tout soit mis en œuvre pour respecter ce principe.(3) »

---

1. Actes du colloque « Apprentissage et pratique de la lecture à l'école », CNDP, 1979, intervention de M. Bentolila.
2. Horaires du 1er groupe de disciplines (français, histoire, géographie, éducation civique) : Minimum : 9 h 30 – Maximum : 13 h 30.
3. Ministère de l'Éducation nationale et de la Culture – Direction des Écoles, *La Maîtrise de la langue à l'école*, CNDP – Savoir Livre, 1992.

Lire en Grande Section

Aborder un tel sujet à l'école maternelle revient nécessairement à provoquer un débat polémique où chaque partie défend des positions très affirmées : **on est pour** ou **on est contre** au nom de la spécificité de l'école maternelle, des pressions sociales portant sur cet apprentissage, etc. De part et d'autre **l'argumentaire**, lorsqu'il existe, obéit à une logique vraie.

CONTRE...

– Les I.O. n'ont jamais fait apparaître cette nécessité ; il n'existe d'ailleurs aucun programme à l'école maternelle.
– Cet apprentissage va à l'encontre de la spécificité de l'école maternelle qui vise plus à permettre aux enfants de « **conquérir de la lecture** » que de leur **enseigner la lecture** :

> « Il y a lieu de les encourager dans cette conquête d'organiser leurs acquis, de valoriser leur effort, sans pour autant faire précéder leurs performances par quelque forme d'enseignement que ce soit. (1) »

En ce sens les orientations de l'école maternelle se distinguent très nettement des directives pédagogiques de l'école élémentaire : l'évolution de l'école maternelle montre, à travers son histoire, de quelle manière elle a marqué sa spécificité par opposition aux pratiques de l'école élémentaire. Rappelons simplement que l'époque où il était quasiment « interdit » de faire pénétrer l'écrit à l'école maternelle n'est pas si éloignée de nous !

1. Ministère de l'Éducation nationale, *L'École maternelle, son rôle, ses missions*, CNDP, 1986.

– Les enseignants n'ont pas été formés pour assurer un tel apprentissage.
– Cet apprentissage revêt un caractère de précocité évidente et se substituerait à d'autres apprentissages jugés plus prioritaires pour les enfants.
– Cela reviendrait très vite à créer une école à deux vitesses où le développement harmonieux de la personnalité de chaque enfant serait négligé.

POUR...

– Les enfants sont tous différents. Ils ont, à l'entrée même de l'école, des compétences différentes qu'il convient de prendre en compte.
Pourquoi alors refuser de satisfaire cette « envie » d'apprendre en repoussant à une date artificiellement déterminée le début officiel de l'apprentissage ?

> « La pédagogie "d'attente" (qui retarde le moment des confrontations enfant/écrit) semble peu favorable à l'acquisition de la langue écrite par les enfants de "milieu défavorisé". (2) »

– L'apprentissage de la lecture, loin de favoriser une pratique élitiste, permettrait à tous les enfants de progresser à leur rythme. Si l'écart entre eux risque peu d'être diminué, du moins ne concourons-nous pas à son augmentation.
– Il existe déjà des pratiques autour de la lecture qu'il convient de développer, de structurer.

2. « Apprendre à lire et à écrire : dix ans de recherche sur la lecture et la production de textes », in *Revue française de pédagogie*, nov. 1989.

– La disparition des passages anticipés au Cours Préparatoire, la fréquentation durant quatre années de l'école maternelle nécessitent que la pédagogie pratiquée en Grande Section soit quelque peu modifiée.

Les argumentaires présentés sont loin d'être exhaustifs. Notre but n'est pas ici de prendre position pour l'une ou l'autre des parties, mais de montrer que des deux côtés, les prises de décision portant sur l'apprentissage de la lecture en Grande Section nécessiteront la clarification d'un certain nombre de représentations et l'apport d'éléments de réponse aux questions suivantes :

– Qu'est-ce que la Grande Section à l'heure actuelle ? Quels sont ses objectifs ?

– Pourquoi apprendre à lire (les causes), mais aussi pour quoi (les effets) ?

– Pourquoi ne pas apprendre à lire (les causes), mais aussi pour quoi (les effets) ?

– Qu'est-ce « qu'apprendre à lire » ?

– Comment apprend-on à lire à des enfants de Grande Section ?

– Quand commencer cet apprentissage ?

– Où se déroulera l'apprentissage ?

– Qui, enfin, en sera chargé ?

Les questions sont nombreuses, mais il semble difficile d'imaginer une prise de décision sans que les maîtres des Cycles 1 et 2 y aient répondu. Dans ce cas comme dans tout ce qui a trait à l'application de la loi d'orientation, le temps consacré à la réflexion est essentiel. Des actions engagées de manière impulsive nous paraissent par contrecoup, extrêmement préjudiciables à une mise en œuvre réaliste et durable de la loi.

Une fois les grandes questions posées, nous vous proposons d'analyser chacune d'elles, étant bien entendu qu'il reviendra à chaque équipe d'y apporter réponse. C'est de **la clarification des différents paramètres du problème que naîtront des décisions acceptables par tous**.

– Qu'est-ce que la Grande Section à l'heure actuelle ? Quels sont ses objectifs ?

Cette question doit être posée en considérant deux points de vue :
• en amont, quelle est la place de la Grande Section vis-à-vis du Cycle 1 et quels sont ses objectifs ? Comment se situe-t-elle exactement par rapport aux compétences du Cycle 1 ?
• en aval, vis-à-vis du Cycle 2, quel rôle joue-t-elle dans les apprentissages fondamentaux ? Prépare-t-elle les enfants ou les initie-t-elle à ces apprentissages ? Comment se situe-t-elle exactement par rapport aux compétences du Cycle 2 ?

Il est clair que la définition qui en sera donnée dépendra étroitement de l'avis des maîtres des deux cycles, mais que, dans ce domaine, la recherche d'une certaine cohérence s'impose.

– Pourquoi apprendre à lire (les causes), mais aussi pour quoi (les effets) ?

a) Les causes

Il convient de préciser à quels « besoins » on répond exactement : à ceux de l'enfant, de sa famille, ou de l'institution ?

Autrement dit, réagit-on à la pression et à la demande sociales d'apprentissages toujours plus précoces, plus rapides qui calmeraient une anxiété parentale bien compréhensible ? Réagit-on à une demande institutionnelle d'amélioration qualitative et quantitative des performances des élèves dans un domaine très

sensible, voire source d'échec durable compromettant toute leur scolarité? Réagit-on à un constat incontournable: les enfants ont des rythmes d'acquisition différents, des demandes et des besoins dont il faut tenir compte au moment où ils les expriment?
La réponse se situe sans doute au nœud de ce réseau de questions.

b) Les effets
Il convient de se projeter dans l'avenir et d'envisager les effets que la mise en œuvre d'une telle hypothèse occasionnerait:

• *Sur les enfants*
Sur les plus prêts (ou mieux préparés), comme sur les "moyens", les moins prêts voire déjà en échec partiel. Réserve-t-on cette réflexion au Cours Préparatoire, premier lieu "reconnu" de l'apprentissage et de l'échec, ou traite-t-on cette question dès la Grande Section?

• *Sur les maîtres*
– **du Cycle 1**: quelle part prennent-ils alors dans cet apprentissage?
– **de Cours Préparatoire**: comment tiendront-ils compte de cet apprentissage, et du niveau atteint par les élèves?
– **du réseau d'aides spécialisées**: quel rôle jouera-t-il dans la liaison GS/CP? Quelle aide pourra-t-il apporter aux élèves et de quelle nature sera-t-elle?

• *Sur les parents*
– **d'enfants de Moyenne Section** et d'une éventuelle demande de passage anticipé au Cours Préparatoire?
– **d'enfants de Grande Section** et de leurs attentes vis-à-vis du rythme de progression de l'apprentissage?
– **d'enfants de Cours Préparatoire** dont certains sauront déjà lire ou ne seront pas encore prêts à apprendre?

– **Pourquoi ne pas apprendre à lire (les causes), mais aussi pour quoi (les effets)?**

a) Les causes
Quelles raisons majeures peuvent justifier de différer l'apprentissage de la lecture au Cours Préparatoire? Relèvent-elles de positions de principe, ou de réactions à des pressions venant de parents ou de l'institution, et jugées inacceptables? S'appuient-elles sur les constats de chercheurs qui se sont intéressés à l'acte de lire? Se réfèrent-elles aux enfants eux-mêmes, ou à l'idée que l'on se fait des enfants de maternelle?

b) Les effets
Il conviendra de s'interroger de la même manière sur les effets relatifs aux maîtres, aux enfants et aux parents.
Il s'agit là d'une réflexion difficile qui nécessite que chacun dépasse ses propres positions pour se centrer effectivement sur les enfants, leurs besoins d'apprendre non déconnectés de leur réalité sociale. Nous recommandons donc l'aide, à ce moment de la réflexion, de conseillers pédagogiques et du réseau d'aides spécialisées. Ils sauront aider les maîtres à traiter ce problème de fond avec le recul nécessaire, à dépasser les conflits personnels, pédagogiques, voire idéologiques, à clarifier les représentations sous-jacentes pour aboutir à quelques points d'accord.
Nous vous présentons maintenant **une grille d'analyse** de la situation de l'école, du point de vue de l'apprentissage de la lecture, ainsi que quelques repères susceptibles de vous aider à prendre des décisions pédagogiques et organisationnelles.

• *Qu'est-ce qu'apprendre à lire ?*

QUESTIONS POSÉES	AIDES À LA RÉFLEXION
1) L'apprentissage est-il commencé à l'école maternelle : – en PS et en MS ? – en GS ?	La notion d'apprentissage (p. 47)
2) Comment l'a-t-on initié jusqu'à présent dans l'école ?	Le point sur les méthodes (p. 53)
3) Comment apprend-on à lire dans les CP que fréquenteront les élèves l'an prochain ?	Harmonisation des pratiques (p. 47)
4) Quelle progression peut-on envisager ? – de la Petite à la Moyenne Section ? – de la Grande Section au CE1 ?	Les descriptifs d'objectifs lecture (p. 66)
5) La continuité pédagogique pourra être assurée grâce à quels documents : – existants dans l'école – à rechercher ? – à concevoir ?	Le point sur les livrets scolaires (p. 140)

• *Comment assurer cet apprentissage ?*

QUESTIONS POSÉES	AIDES À LA RÉFLEXION
1) Comment évalue-t-on leur capacité à apprendre à lire ? – Avec quels outils ? – Comment les utiliser ? – Comment doivent-ils nous renseigner ? – Par rapport à quelles attentes, à quelles normes, à quels objectifs ?	Le point sur l'évaluation (p. 121) Des outils pour évaluer (p. 123) Les descriptifs d'objectifs (p. 153)
2) Comment détermine-t-on le passage du Cycle 1 au Cycle 2 ?	Les descriptifs d'objectifs (p. 61)
3) Comment conduit-on l'apprentissage ? – avec ou sans méthode ? laquelle ? – avec quels supports ? – avec une méthode semblable à celle du CP ?	Le point sur les méthodes (p. 53)
4) Comment initie-t-on l'apprentissage avec des groupes d'élèves dont les capacités sont différentes ? Comment gérer les groupes d'un point de vue organisationnel, psychologique, matériel ?	Quelques éléments de pédagogie différenciée (p. 30)
5) Comment informer les enfants, les collègues, les parents de ce qui est entrepris ?	Les livrets scolaires (p. 140)

• *Qui est responsable de l'apprentissage ?*

QUESTIONS	AIDES PROPOSÉES
1) Qui évalue les élèves ?	Itinéraires pédagogiques (p. 57)
2) Qui décide : – des critères d'évaluation des élèves ? – de la méthode à adopter ? – du choix des élèves ? – de l'organisation de l'apprentissage ?	Conseil des maîtres de cycles (p. 145)
3) Qui est responsable de l'apprentissage ?	Paramètres du fonctionnement du cycle (p. 162)

• *Où et quand se déroulera l'apprentissage ?*

QUESTIONS	AIDES PROPOSÉES
1) Se déroulera-t-il dans une GS "banale" homogène ? Se déroulera-t-il dans une section où les élèves sont regroupés par niveau ? – GS – GS/CP ? Dans un lieu commun aux deux écoles maternelle et élémentaire ? Dans quelle zone du local classe ?	Exemples de fonctionnement par cycles (p. 165) Paramètres du fonctionnement par cycles (p. 162)
2) Quand évalue-t-on les élèves ?	Les différents types d'évaluation (p. 121)
3) Quand propose-t-on des activités de lecture ? – À quel moment de l'année, de la semaine, de la journée ? – Pendant combien de temps ? – Combien de fois ? – Jusqu'à quand ?	Exemples de fonctionnement par cycles (p. 165)

Choisir une méthode de lecture

Le choix d'une méthode de lecture ne relève pas d'un acte anodin. Il ne peut s'effectuer sans prendre en compte les remarques suivantes :
– il existe une grande diversité de méthodes qui présentent toutes des intérêts différents, voire complémentaires ;
– toutes ces méthodes sont utilisées, certes de façon inégale, dans les classes à l'heure actuelle. Il convient de n'en exclure aucune ;
– puisqu'aucune méthode n'est valable pour tous les enfants, il revient au maître d'en connaître les caractéristiques pour en tirer le meilleur parti au service des élèves.

Le tableau suivant permettra au maître d'effectuer ce choix ou de situer sa propre pratique dans l'éventail des méthodes existantes.

	DÉMARCHE À DOMINANTE SYNTHÉTIQUE			DÉMARCHE À DOMINANTE ANALYTIQUE	
PRINCIPES DE BASE	Faire apprendre les signes et sons élémentaires, leurs combinaisons pour passer le plus vite possible à la lecture courante			Partir d'une perception idéovisuelle globale d'un texte et aller vers la décomposition en mots, syllabes, lettres (analyse) puis vers l'utilisation de la combinatoire (synthèse). Les phases de globalisation, d'analyse et de synthèse alternent constamment	
PRINCIPALES PROCÉDURES	**Méthode syllabique**	**Fausse méthode mixte**	**Méthode phonétique**	**Méthode globale dans un manuel**	**Méthode naturelle**
	– l'unité de base est la syllabe – progression : selon la fréquence d'emploi des graphèmes et selon le nombre de syllabes des mots utilisés	la plus répandue : – 2 à 3 semaines d'étude globale des phrases – puis méthode syllabique	– la notion de base est le phonème	– lire des mots que les auteurs utilisent fréquemment dans des phrases de structures différentes – classement de mots connus par syllabes et lettres – combinatoire	– élaboration en commun d'un texte traduisant une expérience vécue – repérage de mots, syllabes, lettres, phonèmes, graphies – classement de mots – composition de mots nouveaux
MATÉRIEL	même livret de lecture publié par un éditeur et donné à tous les élèves				même recueil de textes élaborés par les élèves et le maître
ENFANT	Oralisation Démarches réceptives			Oralisation Démarches de découverte	

<table>
<tr><th>PROCÉDURE IDÉOVISUELLE</th><th colspan="3">LES VRAIES MÉTHODES MIXTES</th></tr>
<tr><td>Placer l'enfant dans des situations de lecteur expérimenté. L'apprenti lecteur doit attribuer un sens aux mots perçus visuellement (sans le passage intermédiaire d'une sonorisation de ceux-ci). Anticipation sur le sens du texte</td><td colspan="3">Étude, deux fois par semaine, d'un texte assez court (imposé ou élaboré par l'enseignant)
Exploitation d'un phonème dans une démarche analytique
Alternance d'étude globale de textes et de phonèmes nouveaux toute l'année</td></tr>
<tr><td rowspan="2">– Reconnaître mots et phrases sans que ceux-ci fassent l'objet d'une étude explicite et systématique
– Observation de textes d'adultes de genres variés, lecture de mots inconnus par le procédé « des essais et des erreurs »</td><td>Méthode « le sablier »</td><td>Méthode mixte pure</td><td>Jumelage méthode syllabique rénovée et méthode globale simple</td></tr>
<tr><td>– phase globale imposée : comptine, phrase, mots vedettes, syllabes, costumes, graphèmes et phonèmes. De la phase analytique imposée à la phase synthétique imposée partiellement : costumes, mots, phrases, contes collectifs</td><td>– une séance de langage oral
– une séance d'acquisition globale du texte
– une phase à dominante analytique
– une phase à dominante synthétique</td><td>– étude d'une lettre nouvelle ou d'un phonème
– composition de phrases
– contrôle : lecture d'un texte fabriqué par le maître à partir des phonèmes étudiés</td></tr>
<tr><td>Utilisation de textes diversifiés pris dans les livres et dans l'environnement familier</td><td colspan="3">Même livret de lecture ou même recueil de textes proposés par le maître</td></tr>
<tr><td>Suppression de l'oralisation

Démarches de découverte</td><td colspan="3">Oralisation (déchiffrage visuel et vocal concomitant)</td></tr>
</table>

Quatrième partie

La démarche et le référentiel de compétences

LA DÉMARCHE

- Descriptif de la démarche
- Itinéraires pédagogiques
- Trois outils privilégiés de la démarche

LE RÉFÉRENTIEL DE COMPÉTENCES

- Le langage au cœur des apprentissages – Cycle 1
- Maîtrise du langage et de la langue française – Cycle 2
- Maîtrise du langage et de la langue française – Cycle 3
- Des outils au service des disciplines

LA DÉMARCHE

DESCRIPTIF DE LA DÉMARCHE

Pour chaque… COMPÉTENCE DU CYCLE	Les compétences à acquérir au cours des cycles, telles qu'elles ont été définies, appartiennent aux référentiels nationaux.
... je procède à une… ÉVALUATION DIAGNOSTIQUE	Elle se situe avant une séquence d'apprentissage. Elle a pour but de fournir les informations nécessaires pour me permettre d'ajuster mon action au profil pédagogique de l'élève. Elle me révèle également ce que l'élève sait déjà, et que j'utiliserai au service de ce qu'il ne sait pas encore.
qui me permet de déterminer… LES OBJECTIFS INTERMÉDIAIRES	L'ensemble des «objectifs intermédiaires», éléments constitutifs de la compétence à acquérir au cours du cycle, constitue une progression pour l'ensemble du cycle considéré.
... à atteindre et nécessitant… DES SITUATIONS D'APPRENTISSAGE	Séquences d'explication, d'entraînement, d'exercices, de travail, de révision, etc.
... et… DES SITUATIONS D'ÉVALUATION	Me permettant de me prononcer sur l'acquis de l'élève et les progrès qu'il a effectués.
... conduisant au… RECENSEMENT ET À L'ANALYSE DES ERREURS ET DES DIFFICULTÉS	Étape primordiale de la démarche formatrice, l'analyse des erreurs et des difficultés se présente comme l'élément fondamental de mon activité d'enseignant. Classées en quatre catégories, les erreurs relèvent : – de la situation, et/ou – de la consigne, et/ou – de l'opération intellectuelle, et/ou – de l'acquis antérieur de l'élève.
... déterminant des… RÉPONSES PÉDAGOGIQUES	Recherche de réponses adaptées à la nature des erreurs recensées, et à l'élève lui-même (consolidation, remédiation, réapprentissage, etc.).
... facilitant l'atteinte de l'objectif intermédiaire vers… LA COMPÉTENCE DU CYCLE	Ce que tous les élèves doivent atteindre à l'issue du cycle, malgré et grâce à des itinéraires différents.

ITINÉRAIRES PÉDAGOGIQUES

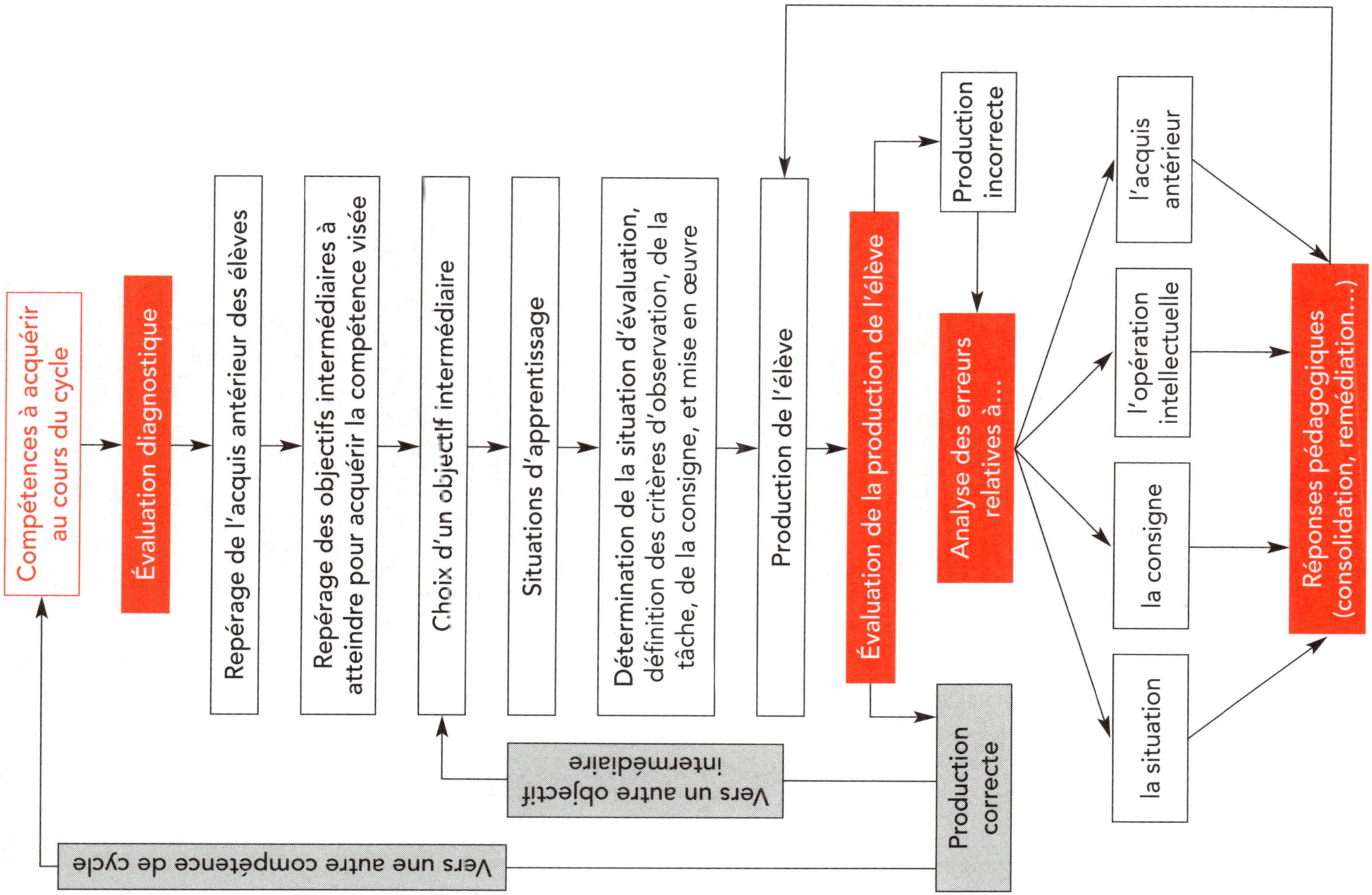

ITINÉRAIRES PÉDAGOGIQUES

Exemple :

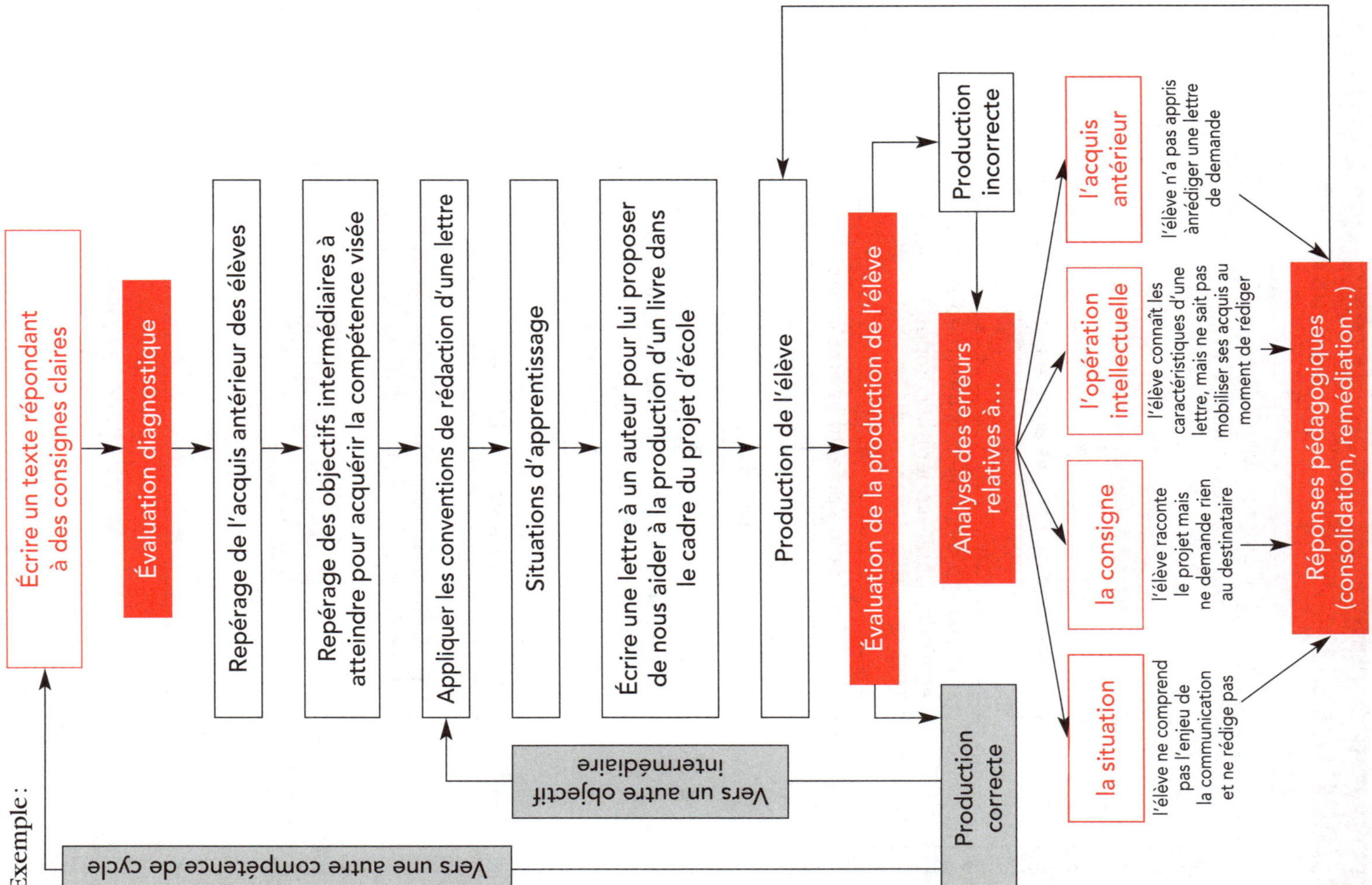

TROIS OUTILS PRIVILÉGIÉS DE LA DÉMARCHE

- Les programmes d'enseignement
- Les compétences devant être acquises en fin de cycle
- Les descriptifs d'objectifs

Pour établir les répartitions du travail au sein de chaque cycle, ainsi que les progressions spécifiques à chaque classe, les maîtres disposent maintenant de ces trois outils différents et complémentaires dont il convient de définir, pour chacun d'eux, le rôle et la place qu'ils occupent dans la démarche pédagogique.

Les programmes d'enseignement de l'école primaire

Ces textes, fixés par arrêté au *JO* puis au *BOEN* en février 2002, **concernent plutôt l'enseignant** et définissent **les champs disciplinaires**, **les limites du programme** propre à chaque cycle, et donc les notions à y aborder.
Exemple : au cycle des approfondissements, en grammaire, la notion de pronoms indéfinis, relatifs, démonstratifs.
La référence aux Programmes doit permettre de répondre à la question : « **L'enseignant a-t-il abordé ce point du programme ?** »

Les compétences devant être acquises en fin de cycle

Les Programmes officiels publiés en 2002 contiennent l'ensemble des compétences devant être acquises en fin de chaque cycle par les élèves. La référence aux compétences devant être acquises en fin de cycle doit permettre de répondre à la question « **L'enfant est-il capable de... ?** »

Exemple : au cycle des apprentissages fondamentaux, l'enfant est-il capable d'identifier instantanément la plupart des mots courts (jusqu'à 4 ou 5 lettres) et les mots longs les plus fréquents ?
Il convient de bien noter que ne figurent, pour chaque domaine considéré, **que les compétences dont la maîtrise est exigible à l'issue du cycle concerné**.

Cette remarque permet de mieux comprendre la conception de la liste des compétences exigibles et la lecture qui en découle :
– Bien que certaines compétences ne soient mentionnées que pour un cycle donné, **les apprentissages** s'y rapportant **devront débuter au cycle précédent**.
Exemple : tout le travail relatif à la lecture silencieuse, qui n'est mentionné qu'au cycle des approfondissements, doit débuter au cycle des apprentissages fondamentaux.
– De même, certains de **ces apprentissages devront être poursuivis au cycle suivant**, sans pour autant y être mentionnés, notamment en vue de l'acquisition d'apprentissages du même ordre, mais plus complexes.
Exemple : tout le travail relatif à la *langue orale*, du point de vue de la prise de parole, de l'agencement des éléments de la langue parlée, de la formulation de demandes ou de réponses, etc., est bien mentionné au cycle des apprentissages premiers, mais doit être poursuivi régulièrement au cycle des apprentissages fondamentaux et au cycle des approfondissements, avec des phrases de plus en plus longues, un vocabulaire de plus en plus précis, et une construction syntaxique de plus en plus élaborée.

La pratique de l'évaluation, définie précédemment, permettra aux enseignants du cycle concerné de définir plus précisément, en fonction des aptitudes des élèves, les apprentissages à considérer ou à poursuivre.

Les descriptifs d'objectifs

Fonction des descriptifs

Véritable «**colonne vertébrale**» de la démarche présentée, ces descriptifs, centrés sur les **apprentissages**, détaillent les objectifs intermédiaires constitutifs de chaque compétence à acquérir au cours du cycle.
En effet, une même compétence recouvre bien des réalités différentes. Son acquisition suppose la maîtrise d'opérations cognitives, de notions, de conduites motrices, de manipulations instrumentales, d'attitudes, etc.
Bref, pour considérer comme acquise une compétence, l'enseignant doit confronter l'élève à un certain nombre de tâches recouvrant l'ensemble de cette réalité et s'appuyant sur une **trame de variance** susceptible de complexifier les situations proposées au fur et à mesure des progrès constatés.
La référence aux descriptifs d'objectifs permet de retrouver de manière précise et univoque cette réalité qui se cache derrière le simple énoncé de la compétence considérée.
Exemple: au cycle des apprentissages fondamentaux, en productions d'écrits, la compétence «être capable d'écrire de manière autonome un texte d'au moins cinq lignes (narratif ou explicatif) répondant à des consignes claires, en gérant correctement les problèmes de syntaxe et de lexique».

Présentation des descriptifs

Présentation générale
Ces descriptifs détaillent les objectifs intermédiaires relatifs aux compétences, et ce,
– **pour chacun des trois cycles**:
• le cycle des apprentissages premiers (Petite Section, Moyenne Section et Grande Section de l'école maternelle),
• le cycle des apprentissages fondamentaux (Grande Section de l'école maternelle, Cours Préparatoire et Cours Élémentaire 1re année),
• le cycle des approfondissements (Cours Élémentaire 2e année, Cours Moyen 1re année et Cours Moyen 2e année);
– **pour chaque cycle, les compétences sont structurées de la manière suivante**:
• cycle 1
– compétences de communication
– compétences concernant le langage d'accompagnement de l'action (langage en situation)
– compétences concernant le langage d'évocation
– compétences concernant le langage écrit
• cycle 2
– maîtrise du langage oral
– lecture et écriture
• cycle 3
– compétences générales
– compétences spécifiques

LE RÉFÉRENTIEL DE COMPÉTENCES

Les compétences formulées en couleurs dans le référentiel ci-après correspondent aux compétences devant être acquises à la fin de l'école maternelle ou à la fin d'un cycle (réf. : *BO* spécial n° 1 du 15 février 2002).

Les autres formulations définissent des objectifs intermédiaires pouvant aider les équipes pédagogiques à élaborer des progressions communes, des outils d'évaluation ou des actions de remédiation.

LE LANGAGE AU CŒUR DES APPRENTISSAGES – CYCLE 1

COMPÉTENCES DE COMMUNICATION		
	Répondre aux sollicitations de l'adulte en se **faisant comprendre** dès la fin de la première année de scolarité (à trois ou à quatre ans).	▶ prendre en considération la sollicitation de l'adulte ▶ réagir en s'en tenant au sujet exprimé ▶ formuler une réponse par un « mot phrase » ▶ formuler une réponse par un groupe de mots ▶ formuler une réponse par une phrase simple ▶ utiliser correctement le pronom personnel « je » ▶ exprimer un avis simple ▶ formuler correctement une demande ou une réponse
	Prendre **l'initiative d'un échange** et le conduire au-delà de la première réponse.	▶ entrer en communication avec un enfant ou un adulte de manière verbale ou non verbale ▶ formuler une demande, une proposition, une sollicitation ▶ échanger dans le cadre d'un jeu de communication, d'une activité commune dans un même espace, d'une activité à deux avec partage d'un même matériel ▶ réagir verbalement aux propos d'un enfant ou d'un adulte
	Participer à un échange collectif en acceptant d'écouter autrui, en attendant son tour de parole et en restant dans le propos de l'échange.	▶ connaître, formuler, définir, voire expliciter les règles de prise de parole nécessaires aux échanges collectifs en classe ▶ montrer, par son comportement, que ces règles de prise de parole sont comprises et respectées ▶ oser communiquer avec ses camarades ▶ oser communiquer avec l'adulte ▶ reformuler différemment les propos tenus par un camarade ▶ intervenir à bon escient au cours de l'échange ▶ montrer, par son comportement, que le message oral reçu est compris

		▶ mettre en réserve ses arguments ▶ formuler une réponse, une idée personnelle, une question en relation avec ce qui vient d'être dit
COMPÉTENCES CONCERNANT LE LANGAGE D'ACCOMPAGNEMENT DE L'ACTION (LANGAGE DE SITUATION)		
	Comprendre les consignes ordinaires de la classe.	▶ interpréter correctement les mots des consignes ordinaires de la classe : verbes, indicateurs numériques et spatiaux, indicateurs temporels, termes indiquant le matériel nécessaire, adverbes ▶ exécuter une consigne simple ▶ exécuter une consigne complexe ▶ formuler des consignes en utilisant correctement verbes, indicateurs numériques et spatiaux, indicateurs temporels, termes indiquant le matériel nécessaire, adverbes ▶ corriger une consigne mal formulée ▶ corriger l'exécution erronée d'une consigne
	Dire ce que l'on fait ou ce que fait un camarade (dans une activité, dans un atelier).	▶ décrire des actions simples puis complexes en utilisant correctement verbes, indicateurs numériques et spatiaux, indicateurs temporels, termes indiquant le matériel nécessaire, adverbes ▶ exprimer sous la forme de consignes simples puis complexes des actions en cours de réalisation
	Prêter sa voix à une marionnette.	▶ connaître la façon dont ce personnage s'exprime : voix, débit, vocabulaire, syntaxe, expressions… ▶ imiter le personnage en situation de restitution d'un dialogue connu et mémorisé ▶ imiter le personnage en situation de création d'un dialogue simple à partir d'une trame donnée par l'adulte ou inventée par l'enfant (seul ou en groupe)

COMPÉTENCES CONCERNANT LE LANGAGE D'ÉVOCATION		
	Rappeler en se faisant comprendre un événement qui a été vécu collectivement (sortie, activité scolaire, incident).	▶ relater l'évènement de manière fidèle ▶ restituer les étapes essentielles de l'événement ▶ restituer ces étapes en respectant leur chronologie ▶ relater en respectant les caractéristiques de la narration : temps, pronoms personnels, indicateurs spatiaux, temporels, logiques… ▶ relater l'événement à des enfants l'ayant vécu ▶ corriger son récit en intégrant d'éventuelles remarques ou critiques formulées par l'enseignant ou par les autres enfants ▶ relater l'événement à des enfants ne l'ayant pas vécu
	Comprendre une histoire adaptée à son âge et le manifester en **reformulant** dans ses propres mots **la trame narrative de l'histoire**.	▶ répondre à des questions relatives aux personnages, aux lieux, à la chronologie, aux actions, aux relations entre les actions d'une histoire simple ▶ remettre en ordre une série d'illustrations relatives à cette histoire ▶ restituer les étapes essentielles de l'histoire ▶ restituer ces étapes en respectant leur chronologie ▶ dire l'histoire en respectant les caractéristiques de la narration : temps, pronoms personnels, indicateurs spatiaux, temporels, logiques, permanence et caractéristiques des personnages ▶ restituer l'histoire à des enfants l'ayant déjà écoutée ▶ corriger son récit en intégrant d'éventuelles remarques ou critiques formulées par l'enseignant ou d'autres enfants ▶ restituer l'histoire à des enfants ne la connaissant pas
	Identifier les personnages d'une histoire, les caractériser physiquement et moralement, les dessiner.	▶ identifier les personnages principaux quelles que soient leurs désignations (prénom, titre, surnom, fonction, expressions les désignant) ▶ décrire leurs caractéristiques physiques (éventuellement l'évolution de ces caractéristiques au cours de l'histoire)

		▶ représenter ces personnages (dessin, collage, peinture, modelage) ▶ formuler leurs caractéristiques morales en s'appuyant sur le comportement des personnages ▶ comparer les personnages de l'histoire ▶ comparer ces personnages à ceux d'une autre histoire
	Raconter un conte déjà connu en s'appuyant sur la succession des illustrations.	▶ associer chaque illustration à un épisode du conte ▶ raconter chaque épisode en insistant sur les éléments fondamentaux présents ou non dans l'illustration ▶ raconter, en les liant chronologiquement et logiquement, les premiers épisodes puis l'ensemble des épisodes ▶ améliorer son récit en intégrant d'éventuelles remarques ou critiques formulées par l'enseignant ou d'autres enfants
	Inventer une courte histoire dans laquelle les acteurs seront correctement posés, où il y aura au moins un événement et une clôture.	▶ préciser le contexte temporel et spatial du récit ▶ dégager une trame narrative simple ▶ choisir les personnages ▶ caractériser les personnages (caractéristiques physiques et morales) ▶ définir leurs relations ▶ adopter une progression logique des actions ▶ représenter l'histoire à partir d'un matériel existant (jeu de cartes, personnages, lieux, actions…) ou en l'illustrant ▶ raconter oralement l'histoire en respectant la cohérence entre les différents éléments du récit et en utilisant le lexique approprié
	Dire ou chanter chaque année au moins une dizaine de comptines ou de jeux de doigts et au moins une dizaine de chansons et de poésies.	▶ mémoriser les textes à l'aide de différentes techniques de mémorisation ▶ prononcer et articuler distinctement ▶ adapter sa voix, son débit, son expression à la comptine, chanson ou poésie ▶ varier les modalités d'expression d'un même texte ▶ s'exprimer de façon compréhensible

COMPÉTENCES CONCERNANT LE LANGAGE ÉCRIT		
Fonctions de l'écrit	**Savoir à quoi servent** un panneau urbain, une affiche, un journal, un livre, un cahier, un écran d'ordinateur… ; (c'est-à-dire donner des exemples de textes pouvant être trouvés sur l'un d'entre eux).	▶ lire avec l'aide de l'adulte des textes de ces différents supports ▶ nommer les supports d'écrits ▶ caractériser matériellement les supports ▶ repérer les lieux où l'on trouve habituellement ces supports d'écrits ▶ identifier les différentes fonctions de l'écrit ▶ identifier la fonction de chacun de ces supports ▶ identifier les situations au cours desquelles on utilise ces supports ▶ établir des liens entre la présentation matérielle d'un support et sa fonction (à quoi il sert?) ▶ comparer entre eux les différents supports ▶ rechercher le support qui permettra le mieux de répondre à une situation de communication donnée
Familiarisation avec la langue de l'écrit et la littérature	**Dicter individuellement un texte** à un adulte en contrôlant la vitesse du débit et en demandant des rappels pour modifier ses énoncés.	▶ connaître le contenu du texte à dicter (lettre, liste, règle du jeu, fiche de fabrication, récit, poème…) ▶ organiser son discours en fonction du texte à dicter ▶ se placer en situation de communication avec un interlocuteur virtuel ▶ adapter son débit à la situation de dictée ▶ rectifier après réécoute une formulation incomplète ▶ rectifier après réécoute, en tenant compte des remarques de l'enseignant ou des autres enfants, une formulation impropre
	Dans une dictée collective à l'adulte, **restaurer** la structure syntaxique d'une phrase non grammaticale, proposer une amélioration de la cohésion du texte (pronominalisation, connexion entre deux phrases, restauration de l'homogénéité temporelle…).	▶ repérer quelques différences entre un récit oral en situation (implicite) et un récit écrit (explicite) ▶ dicter collectivement un récit à l'adulte en adoptant à l'oral les règles de fonctionnement du code écrit: temps des verbes, indicateurs spatiaux, temporels, logiques, jeu des pronoms, marque de désignation des personnages…

		▶ repérer après réécoute quelques formulations impropres ▶ rectifier après réécoute, en tenant compte des remarques de l'enseignant ou des autres enfants, une formulation impropre
	Reformuler dans ses propres mots un passage lu par l'enseignant.	▶ formuler à l'aide de phrases simples le passage lu et composé de phrases plus ou moins complexes ▶ utiliser des synonymes (verbes, noms…) ▶ écouter plusieurs reformulations d'un même extrait ▶ repérer les reformulations les plus appropriées
	Évoquer, à propos de quelques grandes expériences humaines, **un texte lu ou raconté par le maître**.	▶ échanger, à partir de textes présentés par le maître, quelques réflexions sur des thématiques intéressant les enfants : amitié, peur, joie, honte, jalousie, conflit… ▶ classer en fonction de ces thématiques les histoires entre elles ▶ établir des relations entre une expérience vécue à l'école ou dans la famille et une histoire présentée par l'enseignant ▶ comparer cette expérience au(x) récit(s) ▶ dégager quelques constantes
	Raconter brièvement l'histoire de quelques personnages de fiction rencontrés dans les albums ou dans les contes découverts en classe.	▶ mémoriser quelques histoires simples et aisément restituables ▶ repérer les étapes fondamentales du récit ▶ raconter l'histoire en préservant l'essentiel (nombre d'épisodes limité) et en liant les épisodes entre eux
Découverte des réalités sonores du langage	**Rythmer** un texte en en scandant les syllabes orales.	▶ rythmer des mots de plus en plus longs ▶ comparer entre eux des mots dits oralement ▶ comparer entre eux des mots écoutés et lus ▶ rectifier après réécoute, en tenant compte des remarques de l'enseignant ou des autres enfants, une formulation impropre ▶ scander les syllabes orales de ces mots ▶ rythmer, après les avoir mémorisées, des phrases courtes puis longues en préservant des silences entre les mots ▶ rythmer de la même manière un texte court préalablement mémorisé

	Reconnaître une même syllabe dans plusieurs énoncés (en fin d'énoncé, en début d'énoncé, en milieu d'énoncé).	▶ identifier une même syllabe dans plusieurs mots ▶ classer ensemble les mots comportant la même syllabe ▶ repérer l'intrus dans une liste de mots ▶ localiser une syllabe ▶ proposer des mots contenant une même syllabe (début, milieu, fin du mot)
	Produire des **assonances** ou des **rimes**.	▶ repérer quelques rimes simples ▶ repérer quelques assonances simples ▶ produire à l'oral ou en s'appuyant sur des illustrations quelques comptines
Activités graphiques et écriture	**Écrire son prénom** en capitales d'imprimerie et en lettres cursives.	▶ repérer son prénom quel que soit le type d'écriture (majuscules d'imprimerie, cursive) ▶ reproduire correctement les majuscules d'imprimerie ▶ reproduire correctement les lettres cursives ▶ copier toutes les lettres du mot en respectant leur ordre, leur sens et leur tracé ▶ écrire son prénom en respectant une ligne ▶ écrire son prénom en respectant une taille de caractère ▶ reproduire de mémoire son prénom
	Copier des mots en capitales d'imprimerie, en cursive avec ou sans l'aide de l'enseignant.	▶ mémoriser l'image visuelle des éléments constitutifs de chaque mot ▶ reproduire le mot, lettre par lettre ▶ reproduire plus rapidement le mot en mémorisant au moins deux lettres avant copie ▶ adopter le tracé le plus rapide (et le plus précis) pour chacune de ces écritures ▶ corriger en se référant au modèle seul, avec l'aide de l'enseignant ou d'autres enfants, une copie incomplète ou incorrecte

	Reproduire un motif graphique simple en expliquant sa façon de procéder.	▶ passer d'un plan (vertical, horizontal) à un autre ▶ associer le modèle au mouvement qui va permettre sa reproduction ▶ identifier les éléments du modèle à reproduire ▶ repérer les rapports entretenus par les différents éléments du motif graphique ▶ mémoriser progressivement le motif à reproduire en intégrant les consignes orales explicatives de l'enseignant ▶ reproduire fidèlement le motif graphique ▶ utiliser le vocabulaire adéquat pour expliquer sa façon de procéder afin de reproduire le même ou un nouveau motif graphique
	Représenter un objet, un personnage, réels ou fictifs.	▶ repérer, voire décrire les caractéristiques du modèle : formes générales, couleurs, proportions, rapports entre les différentes parties ▶ passer du plan vertical au plan horizontal ▶ représenter progressivement le modèle (du détail au général ; de la silhouette générale aux détails) ▶ corriger par référence au modèle ou en tenant compte des remarques des autres enfants sa représentation
	En fin d'école maternelle, copier une ligne de texte en **écriture cursive** en ayant une tenue correcte de l'instrument, en plaçant sa feuille dans l'axe du bras et en respectant le sens des tracés.	▶ former correctement les lettres de chaque mot en les liant entre elles ▶ utiliser correctement différents outils scripteurs (stylos, craies, feutres, crayons…) ▶ respecter les espaces entre les mots ▶ copier tous les mots et toutes les lettres de chaque mot ▶ respecter les marques de ponctuation (majuscules, virgules, point…) ▶ compléter ou corriger, après vérification, la copie de cette ligne de texte

Découverte du principe alphabétique	Dès la fin de la première année passée à l'école maternelle (à trois ou quatre ans), **reconnaître son prénom** écrit en capitales d'imprimerie.	▶ reproduire à l'aide de différents scripteurs, de différentes techniques graphiques ou manuelles son prénom ▶ repérer les caractéristiques du prénom (première, dernière lettre, lettre inhabituelle, nombre de lettres composant le mot…) ▶ comparer son prénom aux autres prénoms, à d'autres mots familiers
	Pouvoir dire où sont les mots **successifs d'une phrase** écrite après lecture par l'adulte.	▶ localiser les mots dans la chaîne parlée ▶ repérer quelques indices simples permettant d'isoler les mots ▶ localiser les mots dans la chaîne écrite
	Connaître le nom des lettres de **l'alphabet**.	▶ reconnaître les lettres et savoir les reproduire ▶ connaître le nom des lettres les plus courantes ▶ connaître le nom des lettres les moins courantes ▶ restituer la comptine de l'alphabet ▶ nommer les lettres d'un mot ▶ dicter les lettres d'un mot
	Proposer une **écriture alphabétique** pour un mot simple en empruntant des fragments de mots au répertoire des mots affichés dans la classe	▶ analyser la composition de mots simples et familiers ▶ comparer ces mots entre eux ▶ classer les mots (lettre initiale, finale, syllabes communes, lettres communes…) ▶ classer alphabétiquement les mots du répertoire de la classe ▶ utiliser le répertoire de la classe ▶ écrire des mots d'une syllabe, d'une syllabe double ▶ écrire des mots simples composés de deux ou trois syllabes différentes

MAÎTRISE DU LANGAGE ET DE LA LANGUE FRANÇAISE – CYCLE 2

MAÎTRISE DU LANGAGE ORAL		
Communiquer	**Écouter** autrui, **demander des explications** et accepter les orientations de la discussion induites par l'enseignant.	▶ prendre en considération ce qui est dit ▶ montrer par son comportement que le message oral est compris ▶ mettre en réserve ses arguments ▶ respecter les règles de prise de parole ▶ intervenir à bon escient dans la discussion
	Exposer son point de vue et ses réactions dans un dialogue ou un débat en restant dans les propos de l'échange.	▶ formuler une idée personnelle en relation avec le sujet traité ▶ répondre de manière cohérente à une question posée ▶ opposer un argument à un argument reçu au cours du dialogue ▶ commenter une idée entendue
	Faire des propositions **d'interprétation** pour **oraliser** un texte appris par cœur ou pour **dire** un texte en le lisant.	▶ s'adapter à cette situation de communication ▶ adapter son débit à la longueur et au rythme des phrases ▶ respecter la ponctuation ▶ adapter le ton au type de texte ▶ faire percevoir la distinction entre récit et discours direct, entre l'expression des différents personnages ▶ mesurer les effets d'interprétations différentes d'un même texte ▶ critiquer différentes interprétations en se référant au texte
Maîtrise du langage de l'évocation	**Rapporter** un événement, un récit, une information, une observation en se faisant clairement comprendre.	▶ relater l'événement, le récit… de manière fidèle ▶ en restituer les étapes essentielles ▶ restituer ces étapes en respectant leur chronologie ▶ relater en respectant les caractéristiques de la narration : temps, pronoms personnels, indicateurs spatiaux, temporels, logiques… ▶ relater l'événement à des élèves ne l'ayant pas vécu ▶ corriger son récit en intégrant d'éventuelles remarques ou critiques formulées par l'enseignant ou par les autres enfants

	En situation de dictée à l'adulte (d'un texte narratif ou explicatif), proposer des **corrections pertinentes** portant sur la cohérence du texte ou sur sa mise en mots (syntaxe, lexique).	▶ dicter un récit à l'adulte en adoptant à l'oral les règles de fonctionnement du code écrit : temps des verbes, indicateurs spatiaux, temporels, logiques, jeu des pronoms, marque de désignation des personnages… ▶ repérer après réécoute quelques formulations incorrectes ou imprécises ▶ rectifier après réécoute certaines formulations en tenant compte des remarques de l'enseignant ou des autres élèves
	Dégager la signification d'une illustration rencontrée dans un album en justifiant son interprétation à l'aide des éléments présents dans l'image ou des situations qu'elle suggère.	▶ analyser la composition de l'illustration ▶ repérer les éléments saillants de l'illustration ▶ établir des relations entre ces différents éléments ▶ formuler les relations existantes ▶ proposer une interprétation d'ensemble en s'appuyant sur les éléments essentiels de l'illustration
	Dire un poème ou un court texte parmi ceux qui ont été appris par cœur dans l'année (une dizaine) en l'interprétant.	▶ communiquer par une diction adaptée les éléments véhiculés par le texte ▶ respecter les éléments rythmiques du texte ▶ dire, en situation de communication, le texte, sans hésitation et sans erreur, de façon expressive, témoignant ainsi qu'il l'a compris
	LECTURE ET ÉCRITURE	
Compréhension	**Comprendre** les informations **explicites** d'un texte **littéraire** ou d'un texte **documentaire** appropriés à l'âge et à la culture des élèves.	▶ répondre pour un texte littéraire à des questions simples portant : – sur les personnages, – sur leurs motivations, – sur leurs actions, – sur les lieux où se déroulent ces actions – sur des éléments temporels du texte – sur les relations existant entre les personnages…

		▶ répondre pour un texte documentaire à des questions simples portant : – sur l'auteur du document, – sur le sujet, – sur les informations présentées, – sur la façon dont elles sont exposées, – … ▶ trouver dans le texte, sous forme de mots, d'expressions, de phrases les réponses précises à ces questions ▶ justifier ses réponses par référence au texte
	Trouver dans un texte documentaire imprimé ou sur un site Internet **les réponses** à des questions simples.	▶ repérer les caractéristiques d'un texte documentaire simple (titre, rubriques, légendes, illustrations…) ▶ distinguer le contenu du document de sa présentation graphique ou de son environnement (site Internet) ▶ s'appuyer sur ces éléments pour rechercher des informations ▶ mémoriser la question ▶ procéder à une lecture rapide du texte (lecture non linéaire et intégrale) ▶ trouver dans le texte, sous forme de mots, d'expressions ou de phrases la réponse exacte
	Dégager le thème d'un texte littéraire (de qui ou de quoi il parle ?).	▶ distinguer les personnages principaux des personnages secondaires ▶ distinguer les actions essentielles des actions secondaires ▶ distinguer le thème (le sujet) du résumé (restitution des idées en respectant la cohérence du texte) ▶ formuler le thème en une ou deux phrases
	Lire à haute voix un court passage en restituant correctement les accents de groupes et la courbe mélodique de la phrase (lecture préparée silencieusement).	▶ respecter l'intégralité du texte (éviter les oublis de mots, les substitutions, les transformations, les inversions) ▶ respecter les groupes de souffle ▶ restituer les mots sans erreurs

		▶ respecter convenablement les liaisons ▶ maîtriser la ponctuation ▶ maîtriser le débit de lecture ▶ montrer par sa lecture que l'on reconnaît des phrases déclaratives, interrogatives, exclamatives ▶ adapter l'intonation au type de texte lu ▶ justifier, en se référant au texte, sa propre lecture oralisée ▶ critiquer, en se référant au texte lui-même, la lecture oralisée d'un autre lecteur
	Relire seul un album illustré lu en classe avec l'aide de l'enseignant.	▶ s'appuyer sur sa connaissance de l'histoire et sur les illustrations pour déchiffrer rapidement et pour comprendre des mots nouveaux ▶ lire rapidement les mots, expressions mémorisés ▶ se référer aux aides disponibles (affichages didactiques, fichiers, alphabet, repères phonétiques…) pour déchiffrer des mots nouveaux ▶ lire de plus en plus rapidement en évitant d'ânonner
Reconnaissance des mots	Avoir compris et retenu : **– le système alphabétique de codage de l'écriture** ; – les correspondances régulières entre graphèmes et phonèmes.	▶ segmenter la chaîne écrite en mots ▶ repérer la place des syllabes et des phonèmes dans un mot dit ▶ repérer la place des syllabes et des phonèmes dans un mot écrit ▶ mettre en correspondance ce qui se voit et ce qui s'entend ▶ mettre en correspondance ce qui se voit et ce qui ne s'entend pas ▶ classer les mots selon différents critères phonétiques, graphiques, grapho-phonétiques ▶ connaître les variations du son des lettres en fonction de leur environnement graphique ▶ analyser un mot ▶ analyser une syllabe ▶ associer deux, trois, quatre syllabes pour composer un mot ▶ discriminer les paires minimales ▶ produire l'image sonore d'une lettre, d'une syllabe, d'un mot

		▶ former un nouveau mot par déplacement, ajout, suppression, substitution de syllabes ou de lettres ▶ compléter un mot avec la syllabe ou la lettre manquante ▶ identifier un mot parmi une liste de mots connus et graphiquement voisins ▶ identifier un mot parmi une liste de mots inconnus ▶ mémoriser un corpus de mots courants ▶ utiliser la combinatoire pour vérifier le sens d'un mot inconnu
	Proposer une **écriture possible** (et non phonétiquement correcte) pour **un mot régulier**.	▶ oser proposer une écriture possible d'un mot même si tous les phonèmes composant ce mot n'ont pas été étudiés en classe ▶ utiliser les aides disponibles en classe (affichages didactiques, fichiers, alphabet, repères phonétiques…) pour écrire un mot nouveau et simple ▶ mobiliser son répertoire mental de mots mémorisés ▶ corriger après relecture l'écriture du mot ▶ comparer cette écriture à l'orthographe réelle du mot
	Déchiffrer un mot que l'on ne connaît pas.	▶ anticiper le sens d'un mot grâce au contexte ▶ anticiper le sens d'un mot grâce à des indices morpho-syntaxiques ▶ utiliser la combinatoire pour déchiffrer le sens d'un mot inconnu
	Identifier instantanément la plupart des mots courts (jusqu'à 4 ou 5 lettres) et les mots longs les plus fréquents.	▶ identifier un mot parmi une liste de mots connus et phonétiquement voisins ▶ identifier un mot parmi une liste de mots connus et graphiquement voisins ▶ identifier un mot parmi une liste de mots connus sémantiquement voisins ▶ identifier un mot parmi une liste de mots inconnus ▶ mémoriser un corpus de mots fréquents ▶ identifier rapidement, grâce à quelques indices simples, les mots les plus fréquents

Production de textes	**Écrire** de manière autonome un texte d'au moins 5 lignes (narratif ou explicatif) répondant à des consignes claires, en gérant correctement les problèmes de syntaxe et de lexique.	▶ connaître les conventions d'écriture du texte à produire ▶ expliciter le contexte ▶ formuler oralement les idées ou informations nécessaires ▶ les formuler en respectant la cohérence du type de texte ▶ rédiger un texte contenant les informations indispensables (personnages, lieux, actions, objets…) ▶ produire un texte lisible et communicable
Écriture et orthographe	**Orthographier** la plupart des **« petits mots »** fréquents (articles, prépositions, conjonctions, adverbes).	▶ compléter des séries phonologiques ▶ compléter des séries analogiques de finales (ex. : mots en « ette », en « tion »…) ▶ compléter, par un graphème manquant, un mot donné pour en restituer le sens que lui impose le contexte ▶ recourir au dictionnaire pour vérifier l'orthographe d'un mot ▶ utiliser les fichiers et tables analogiques confectionnés en classe ▶ maîtriser l'orthographe correcte de mots invariables courants ▶ détecter les erreurs comprises dans un texte ▶ corriger les erreurs comprises dans un texte
	Écrire la plupart des mots en respectant les caractéristiques phonétiques du codage.	▶ utiliser la combinatoire pour former des mots nouveaux ▶ restituer l'orthographe des mots mémorisés ▶ écrire un mot en respectant le sens que lui impose le contexte ▶ repérer les erreurs ▶ corriger les erreurs
	Copier sans erreur un texte de trois ou quatre lignes en copiant mot par mot et en utilisant une écriture cursive et lisible.	▶ mémoriser l'image visuelle des éléments constitutifs du mot ▶ copier un texte en évitant les omissions de lettres, de mots ou de signes ▶ copier un texte en évitant les inversions de lettres ▶ copier un texte en évitant les substitutions de lettres ▶ former correctement les lettres d'un mot ▶ lier correctement entre elles les lettres d'un mot

		▶ repérer les erreurs dans un texte de copie ▶ corriger les erreurs
	Utiliser correctement les marques typographiques de la phrase (point et majuscule) ; commencer à se servir des virgules.	▶ reconnaître les signes usuels de ponctuation ▶ connaître la valeur des signes usuels de ponctuation ▶ repérer les erreurs de confusion de sens liées à l'absence de ponctuation ▶ choisir les signes qui conviennent au sens du texte ▶ ponctuer correctement un texte ▶ repérer les erreurs de ponctuation ▶ corriger les erreurs de ponctuation
	En situation d'écriture spontanée ou sous dictée, marquer les accords en nombre et en genre dans le groupe nominal régulier (déterminant, nom, adjectif).	**accords noms/adjectifs** : ▶ distinguer le nom de l'adjectif ▶ repérer le genre et le nombre d'un nom ▶ repérer le genre et le nombre d'un adjectif ▶ connaître la règle générale de la formation du féminin de l'adjectif (ajout du « e » au féminin) ▶ connaître la règle générale de la formation du féminin de l'adjectif dans des cas particuliers (adjectifs finissant par « if », « eux »…) ▶ appliquer les règles de transformation du nombre du nom ▶ appliquer la règle générale de la formation du pluriel de l'adjectif (ajout du « s ») ▶ appliquer la règle générale de la formation du pluriel de l'adjectif dans des cas particuliers ▶ appliquer les règles simples d'accord ▶ repérer les erreurs simples d'accord à l'écrit ▶ corriger les erreurs simples d'accord à l'écrit **accords noms/déterminants** : ▶ repérer des déterminants de différentes classes ▶ connaître les déterminants singuliers et pluriels

		▶ distinguer le déterminant de l'adjectif ▶ repérer le(s) mot(s) avec lequel s'accorde le déterminant ▶ appliquer la règle d'accord ▶ repérer les erreurs d'accord ▶ corriger les erreurs d'accord
	En situation d'écriture spontanée ou sous dictée, marquer l'accord en nombre du verbe et du sujet dans toutes les phrases ou l'ordre syntaxique régulier est respecté.	▶ repérer le sujet (nom, pronom, groupe nominal) d'un verbe dans une phrase ▶ connaître les règles d'accord sujet (s)/ verbe(s) ▶ connaître les terminaisons des verbes aux personnes du singulier et du pluriel ▶ appliquer à bon escient l'accord à l'écrit ▶ disposer de stratégies de vérification des accords ▶ repérer des erreurs d'accord à l'écrit ▶ corriger des erreurs d'accord à l'écrit

MAÎTRISE DU LANGAGE ET DE LA LANGUE FRANÇAISE – CYCLE 3

COMPÉTENCES GÉNÉRALES		
Savoir se servir des échanges verbaux dans la classe	**Situations de dialogue collectif (échanges avec la classe et avec le maître)**	
	Saisir rapidement l'enjeu de l'échange…	▶ repérer la **nature** de l'échange (par exemple : débat contradictoire ou débat constructif, échange argumentatif ou recherche collective, etc.), **et l'exprimer à ses camarades** ▶ repérer l'objet de l'échange (par exemple : recherche d'arguments, d'idées ou de documents, etc.) **et l'expliquer à ses camarades** ▶ repérer l'objectif de l'échange (par exemple : l'interlocuteur à convaincre, la tâche à accomplir, le document à réaliser, etc.) **et le présenter à ses camarades**
	… et en **retenir les informations successives.**	▶ utiliser dans ses interventions des éléments tirés des échanges précédents ▶ énoncer les idées émises par les participants ▶ reformuler avec d'autres termes les idées émises par les participants ▶ s'approprier les éléments qui lui serviront pour réaliser la tâche ou le document escompté
	Questionner l'adulte ou les autres élèves à bon escient.	▶ poser des questions en relation avec la situation de travail ▶ retrouver la question correspondant à une réponse donnée ▶ demander des précisions relatives à la consigne ▶ demander des précisions relatives à la tâche à accomplir ▶ demander des précisions relatives à la méthode et aux procédures à employer ▶ demander des précisions relatives à l'évaluation du travail accompli

	Se servir de sa **mémoire** pour conserver le fil de la conversation… … et attendre son tour.	▶ repérer, dans une conversation, le motif de l'intervention de l'un des participants et l'exprimer ▶ garder en mémoire le plan ou la progression d'un échange ▶ énoncer les éléments échangés lors d'une conversation *et à son tour,* ▶ reformuler l'intervention de l'un des participants ▶ utiliser dans son propos une information tirée de l'échange préalable ▶ reformuler le plan ou la progression d'un échange ▶ modifier une information tirée de l'échange préalable en en donnant une version personnelle
	S'insérer dans la conversation.	▶ utiliser des formules d'insertion adaptées (énumération, concession, opposition, restriction, exemplification, etc.) ▶ faire part de son propre avis de manière argumentée ▶ prendre le parti d'un des interlocuteurs à l'aide d'arguments adéquats ▶ concilier des points de vue opposés ▶ relancer la conversation grâce à son apport ▶ poursuivre l'échange avec le groupe ▶ effectuer une synthèse des informations reçues
	Reformuler l'intervention d'un autre élève ou du maître.	▶ répéter, à l'identique, l'intervention d'un autre élève ou du maître ▶ reformuler, à l'aide de termes différents, l'intervention d'un autre élève ou du maître ▶ utiliser des termes révélant de l'empathie (« si je comprends bien…, autrement dit… », etc.) ▶ repérer, dans les propos d'un camarade, une erreur de reformulation ▶ rectifier, dans les propos d'un camarade, une erreur de reformulation

	Situations de travail de groupe et mise en commun des résultats de ce travail	
	Commencer à **prendre en compte les points de vue** des autres membres du groupe.	▶ solliciter l'avis des autres membres du groupe sur : – l'application de la consigne – la réalisation de la tâche – la planification de la tâche ▶ modifier son propre point de vue en fonction des avis des autres membres du groupe
	Commencer à se servir du **dialogue pour organiser** les productions du groupe.	▶ définir, en concertation avec le groupe, les modalités : – d'application de la consigne – de réalisation de la tâche – de planification de la tâche ▶ répartir, en concertation avec le groupe, le rôle de chacun
	Commencer à **rapporter** devant la classe (avec ou sans l'aide de l'écrit) de manière à rendre ces productions compréhensibles.	▶ rapporter, avec un effort de cohérence, un conte, un récit, un événement vécu, un projet. ▶ structurer dans la présentation du travail son propos, ses documents, ses commentaires. ▶ manifester son intention d'organiser cette présentation en vue d'une meilleure communication. ▶ veiller à la réceptivité de ses interlocuteurs.
	Situations d'exercice	
	Mieux **questionner la consigne** orale ou écrite de manière à reconnaître la catégorie d'exercices à laquelle elle est rattachée.	*agir, exécuter une consigne* ▶ repérer, dans la formulation de la consigne, les éléments importants qui induisent des procédures particulières ▶ établir un lien entre ces termes et les modèles de résolution de l'exercice ▶ adopter des stratégies de vérification ▶ confronter sa stratégie à celle d'autres membres du groupe ▶ choisir la stratégie qui lui paraît la plus adaptée

	Formuler une **demande d'aide**.	▶ repérer le domaine de défaillance : – compréhension de la consigne – d'application de la consigne – de planification de la tâche – de réalisation de la tâche – de l'acquis antérieur – etc. ▶ préciser la nature de la difficulté rencontrée en dépassant le caractère vague de la formulation de type « je n'y arrive pas » ▶ faire part aux élèves de cette difficulté ▶ solliciter l'avis des autres élèves ▶ résoudre la difficulté par l'échange
	Lire à **haute voix** tout texte utile à l'avancée du travail.	▶ établir un lien entre la tâche à réaliser et les sources de documentation ▶ repérer le document, ou l'extrait, en relation avec la tâche à accomplir ▶ montrer par la qualité de sa lecture l'intérêt du document à la réalisation de la tâche
	Exposer ses propositions de réponse et **expliciter les raisons** qui ont conduit à celles-ci.	*justifier* ▶ rappeler la question de départ ▶ rappeler les questions connexes ▶ rappeler le contexte de la question posée ▶ énoncer la démarche suivie ▶ expliquer la méthode adoptée ▶ présenter les réponses obtenues ▶ expliquer les motifs de rejet des réponses éliminées ▶ exposer les motifs de sélection des réponses retenues
	En toute situation	
	S'interroger sur le sens des énoncés…	▶ repérer l'idée générale, l'intention de l'auteur

		▶ confronter cette interprétation au contexte (du récit, de la réalisation de la tâche, etc.) ▶ repérer la dimension plausible ou probable de l'interprétation
	… comparer des **formulations différentes** d'une même idée…	▶ reformuler à l'aide de termes différents un même message ▶ exprimer les nuances apportées par tel ou tel autre synonyme (dimension poétique, affective, informationnelle, etc. du message) ▶ reformuler à l'aide de termes spécifiquement choisis en vue d'attribuer une tonalité particulière au message
	… choisir entre plusieurs formulations celle qui est la plus adéquate.	▶ repérer les caractéristiques du message (contenu, contexte, tonalité, etc.) ▶ distinguer les différentes formulations en fonction de ces critères ▶ choisir le message le plus adapté à la situation visée ▶ justifier les raisons de ce choix
	Rappeler, de manière claire et intelligible, les expériences et les discours passés ; …	*raconter* ▶ repérer les arguments évoqués ▶ repérer les auteurs de ces arguments ▶ repérer la logique des discours et échanges ▶ mémoriser les contenus évoqués ▶ énoncer à bon escient ces contenus en veillant à la pertinence et à la concision des propos
	… projeter son activité dans l'avenir en **élaborant un projet**.	▶ repérer le stade de réalisation de sa tâche ▶ évaluer le travail restant à accomplir en vue de l'aboutissement de cette tâche ▶ anticiper pour dresser un plan d'action dans la continuité de son travail ▶ structurer seul ou avec le groupe le projet en cours
	Après avoir entendu un texte (un texte littéraire ou documentaire) lu par le maître, **le reformuler** dans son propre langage…	*exprimer l'image ou l'idée qu'évoque le texte ; en restituer oralement les données essentielles en respectant son ordre* ▶ repérer l'idée générale du texte

		▶ reformuler dans son propre langage l'idée générale du texte ou l'image qu'évoque le texte ▶ respecter une logique d'exposition (qui? quand? quoi, où? comment? pourquoi? par exemple) ▶ restituer les données essentielles du texte en en respectant l'ordre ▶ repérer les idées principales du texte ▶ reformuler dans son propre langage les idées principales du texte
	… le **développer**…	▶ enrichir les phrases qu'il utilise en vue de plus de précision, à l'aide de termes qualifiants (adjectifs, adverbes, synonymes, etc.) ▶ approfondir une idée émise en l'expliquant ▶ approfondir une idée émise en l'interprétant par un commentaire personnel ▶ expliciter le non-dit du texte ▶ expliciter le sous-entendu du texte
	… ou en donner une **version plus condensée**.	▶ élaguer les phrases qu'il utilise en vue d'une plus grande concision de l'idée principale ▶ reformuler une idée émise en la résumant ▶ résumer une interprétation personnelle
	À propos de toute lecture entendue ou lue, **formuler une interprétation** et la confronter à celle d'autrui.	▶ saisir l'idée générale d'un texte ou d'un extrait ▶ proposer une interprétation personnelle de cette lecture ▶ justifier son interprétation par la prise en compte des contextes ▶ comparer son interprétation à celle de ses camarades ▶ justifier les divergences d'interprétation ▶ résoudre ces divergences par l'échange
	Oraliser des textes (connus, sus par cœur ou lus) devant la classe pour en partager collectivement le plaisir et l'intérêt.	▶ lire, en situation de communication, un texte adapté à ses possibilités, sans hésitation et sans erreur, de façon expressive, témoignant ainsi qu'il l'a compris

		▶ proposer aux autres élèves de la classe un de ses textes favoris pour le leur faire découvrir ▶ s'exercer à mémoriser puis à oraliser des passages plus ou moins longs de textes auxquels il aura été sensible
Avoir acquis une meilleure maîtrise du langage écrit dans les activités de classe	**Savoir lire pour apprendre**	
	Lire seul les consignes ordinaires de l'activité scolaire.	▶ distinguer la consigne d'une phrase informative ▶ distinguer la consigne des autres données d'un exercice ▶ repérer la consigne quelle que soit sa place par rapport à l'énoncé de l'exercice ▶ communiquer à un camarade, sans l'aide du maître, l'énoncé de la consigne ▶ valider, sans l'aide du maître, le repérage d'une consigne par un camarade
	Comprendre seul les consignes ordinaires de l'activité scolaire.	▶ traduire, par l'action, les verbes couramment utilisés dans la formulation des consignes (barrer, entourer, cocher, souligner, surligner, encadrer, compléter, transformer, etc.) ▶ reformuler avec d'autres mots les termes de la consigne ▶ expliquer à un camarade, sans le maître, l'énoncé de la consigne ▶ repérer, sans l'aide du maître, les erreurs d'application de la consigne dans un exercice réalisé par un camarade
	Lire et utiliser tout texte scolaire relatif aux diverses activités de la classe (manuels scolaires, fiches de travail, affiches d'organisation des activités, etc.).	▶ repérer le plan d'une leçon dans un chapitre du manuel ▶ apprendre le résumé d'une leçon en se reportant aux passages développant les notions qu'il contient ▶ retrouver un mot, une idée, un passage d'un texte d'un manuel en vue de justifier une réponse ▶ retrouver un mot, une idée, un passage d'un texte d'un manuel en vue de l'utiliser pour construire sa réponse ▶ désigner les éléments de l'affichage de la classe susceptibles d'aider à la réalisation d'une tâche

		▶ repérer la fiche de travail comportant l'aide souhaitée en vue de la réalisation d'une tâche (formule mathématique, règle d'orthographe ou de grammaire, graphie d'un son, etc.) ▶ réaliser une tâche à l'aide d'un de ces documents utiles ▶ repérer le déroulement des activités à l'aide de l'emploi du temps ▶ utiliser un tableau de service pour participer aux tâches d'organisation de la classe
	Consulter avec l'aide de l'adulte les documents de référence (dictionnaires, encyclopédies, grammaires, bases de données, sites sur la toile, etc.).	▶ repérer le type d'ouvrage adapté à sa recherche ▶ utiliser l'ordre alphabétique pour effectuer une recherche dans le dictionnaire ou dans une encyclopédie ▶ utiliser le sommaire d'un ouvrage pour trouver un renseignement ▶ effectuer les manipulations nécessaires à l'utilisation d'une base de données imprimée : – formulation claire de la demande – énoncé des critères de tri – recensement des résultats – analyse et utilisation des résultats ▶ effectuer les manipulations nécessaires à l'utilisation d'une base de données informatisée : – utiliser le logiciel adéquat – ouvrir le fichier – formuler clairement la demande – énoncer les critères de tri – recenser les résultats – analyser et utiliser les résultats ▶ utiliser un moteur de recherche sur la toile : – préciser les termes de la recherche – affiner sa recherche – recenser les résultats – analyser et utiliser les résultats

	Mettre en relation les textes lus avec les images, les tableaux, les graphiques ou les autres types de documents qui les complètent.	▶ dégager les informations utiles d'un texte ▶ repérer le sens véhiculé par une image ▶ savoir lire un tableau (simple, à double entrée, à données multiples, etc.) ▶ repérer les données utilisées dans un graphique ▶ interpréter un graphique ▶ identifier les mêmes éléments d'information véhiculés par l'illustration et par le texte ▶ repérer les liens entretenus entre le texte et ses illustrations (rapport de complémentarité, rapport pléonastique, etc.) ▶ expliquer ce que l'illustration apporte de plus à la compréhension du texte
	Penser à s'aider, dans ses lectures, des médiations susceptibles de permettre de mieux comprendre ce qu'on lit.	▶ utiliser le dictionnaire dès que le sens d'un terme semble mal maîtrisé ▶ utiliser des corrigés d'exercices ▶ utiliser le lexique situé en fin de manuel ▶ établir des liens entre les informations données par son texte et celles qui relèvent d'autres champs disciplinaires ▶ tenir compte des corrections antérieures du maître pour éviter de réitérer les mêmes erreurs ▶ confronter sa propre compréhension d'une lecture à celle d'un tiers
	Avoir acquis une première compétence d'écriture et de rédaction	
	Souligner ou surligner dans un texte les informations qu'on recherche pour pouvoir les organiser en liste sur un support de papier ou grâce à l'ordinateur.	▶ repérer, en cours de lecture, les mots importants d'une phrase ▶ souligner les mots importants d'un passage ou d'un texte lu ▶ rédiger durant sa lecture de courts résumés des passages, des pages ou des chapitres lus ▶ comparer la demande de recherche initiale et les éléments retenus ▶ rédiger un texte à l'aide des éléments sélectionnés

	Copier un texte d'au moins dix lignes sans erreur orthographique correctement mis en page avec une écriture cursive, régulière et lisible.	▶ lire le texte à copier ▶ expliquer le texte à copier pour témoigner de sa compréhension ▶ s'imprégner du modèle à copier ▶ repérer les caractéristiques orthographiques de la partie mémorisable du texte ▶ conserver en mémoire immédiate une partie du modèle à copier ▶ transcrire, en respectant les règles de la calligraphie, la partie mémorisée du texte à copier ▶ vérifier le résultat obtenu en le comparant au modèle ▶ exercer à chaque étape de la réalisation de la tâche, et ce jusqu'à son terme, un contrôle de conformité de la production
	Orthographier correctement un texte simple lors de sa rédaction ou dans une phase de relecture critique en s'aidant de tous les instruments disponibles.	▶ déployer, tout au long de son activité d'écriture, la vigilance nécessaire à une orthographe correcte : – repérer la règle d'orthographe grammaticale ou usuelle dont l'application est nécessaire à l'écriture correcte du texte, ou du passage considéré – à la moindre hésitation, douter de l'exactitude de l'orthographe du mot considéré – se reporter à l'outil comprenant la règle à appliquer (dictionnaire, répertoire de mots, cahier de sons, cahier de mots de la même famille, correction orthographique du logiciel de traitement de texte, etc.)
	Rédiger, à partir d'une liste ordonnée d'informations, un texte à dominante narrative, explicative, descriptive ou injonctive, seul ou à plusieurs, dans le cadre d'un projet d'écriture relevant de l'un des grands domaines disciplinaires du cycle 3, à partir des outils élaborés par la classe.	▶ explorer ses connaissances pour retrouver les caractéristiques du type de texte à écrire : – expressions consacrées à ce type de texte – modalités de la conjugaison – construction des phrases – modèles syntaxiques utilisés – etc.

		▶ mobiliser ces données en utilisant éventuellement des outils d'aide méthodologique ▶ partager ces données avec ses pairs en cas d'écriture collective ▶ construire son texte à l'aide des outils mobilisés
	Réécrire un texte, en référence au projet d'écriture et aux suggestions de révision élaborées en classe et, pour cela, ajouter, supprimer, déplacer ou remplacer des morceaux plus ou moins importants de textes, à la main ou en utilisant un logiciel de traitement de texte.	▶ comparer le texte produit au projet initial ▶ procéder aux relectures successives nécessaires : – aux corrections relatives à l'expression, à l'orthographe grammaticale ou lexicale, à la conjugaison ou à la syntaxe – à l'enrichissement des phrases – à l'élagage ou à la simplification de certaines constructions – à la modification de l'ordre retenu dans le discours – aux expressions consacrées à ce type de texte ▶ enregistrer, à l'aide d'un traitement de texte sur l'ordinateur, les versions successives de sa production ▶ comparer les versions successives de sa production ▶ améliorer progressivement son texte à chaque version
	Mettre en page et organiser un document écrit dans la perspective d'un projet d'écriture en en respectant les conventions (affiche, journal d'école, fiche technique, opuscule documentaire, page de site sur la toile, etc.) et en insérant éventuellement les images, tableaux ou graphiques nécessaires.	▶ repérer les caractéristiques de présentation des différents types d'écrits ▶ effectuer une ou plusieurs maquettes de présentation de l'écrit à réaliser ▶ récupérer, sur la toile ou dans une banque d'images, les illustrations souhaitées ▶ utiliser les outils nécessaires à cette construction (découpage des éléments, collage repositionnable sur le support, logiciel de traitement de texte ou de PAO, etc.) ▶ construire son écrit en tenant compte du destinataire potentiel ▶ vérifier les caractéristiques de cette production du point de vue de la lisibilité du message

COMPÉTENCES SPÉCIFIQUES		
Éducation civique		
Parler	Participer à un débat.	▶ connaître les finalités et le déroulement d'un débat ▶ distinguer l'affirmation de l'argumentation ▶ repérer différents types d'arguments ▶ mémoriser les arguments exposés ▶ opposer un argument à un argument reçu au cours du débat ▶ distinguer l'idée qui peut être contestée de son émetteur ▶ utiliser son tour et son temps de parole ▶ intervenir à bon escient en restant dans le sujet du débat
	Distribuer la parole et faire respecter l'organisation d'un débat.	▶ connaître l'organisation du débat ▶ attribuer une durée à chaque étape du débat ▶ se positionner pour être vu de tous les élèves ▶ distribuer la parole de façon à permettre à tous les élèves de s'exprimer durant le débat ▶ limiter la parole d'élèves trop bavards ▶ formuler un petit bilan à la fin du traitement de chaque étape ▶ gérer l'horaire imparti au débat
	Formuler la décision prise à la suite d'un débat.	▶ utiliser les notes prises en cours de débat ▶ distinguer un avis d'une décision ▶ distinguer une proposition d'une décision majoritaire ▶ formuler fidèlement et objectivement une décision ▶ rectifier, après validation par le groupe, la décision
	Pendant un débat, passer de l'examen d'un cas particulier à une règle générale.	▶ rechercher deux ou trois cas particuliers assez proches ▶ dégager quelques similitudes ▶ associer ces points communs à une règle générale ▶ formuler la règle générale ▶ la valider par référence aux cas particuliers

Lire	Comprendre les articles successifs des règles de vie de la classe ou de l'école et montrer qu'on les a compris en donnant les raisons qui les ont fait retenir.	▶ distinguer les règles de vie d'un règlement ▶ distinguer règles de vie de la classe et règles de vie de l'école ▶ distinguer règles de vie positives (mes droits) et négatives (mes devoirs) ▶ énoncer les raisons justifiant ces règles ▶ décrire le comportement visé par ces règles
Écrire	Avec l'aide du maître, noter les décisions prises durant un débat.	▶ utiliser quelques procédés de prise de notes (abréviations, style télégraphique, procédés de visualisation…) ▶ organiser méthodiquement la prise de notes ▶ formuler de manière objective les décisions prises durant le débat ▶ rectifier la formulation d'une décision après relecture à l'ensemble du groupe et validation
	Avec l'aide du maître, rédiger des règles de vie.	▶ repérer les caractéristiques formelles de ce type d'écrit (présentation, énonciation, temps des verbes, longueur des phrases…) ▶ choisir les comportements attendus facilitant la vie de la collectivité (classe, école) ▶ rédiger les règles de vie ▶ rectifier la formulation d'une règle en tenant compte de la façon dont elle est plus ou moins bien appliquée ▶ présenter
	Participer à la rédaction collective d'un protocole d'enquête ou de visite.	▶ exprimer clairement la finalité du protocole ▶ exprimer clairement la nature des réponses recherchées ▶ repérer le type de questions correspondant à la nature des réponses recherchées ▶ exprimer les questions en tenant compte du destinataire visé ▶ organiser le questionnement en fonction du sens de la visite ou des grandes directions de recherche ▶ tester le questionnaire par une simulation préalable ▶ corriger les erreurs ou maladresses relevées dans le protocole

	Participer au compte rendu d'une enquête ou d'une visite.	▶ connaître la fonction d'un compte rendu ▶ connaître les caractéristiques d'un compte rendu ▶ distinguer le compte rendu d'un récit ▶ repérer les éléments à intégrer compte tenu du destinataire ▶ repérer les articulations du développement qui marquent les phases de l'enquête ou de la visite ▶ rédiger le développement (temps des verbes, vocabulaire adapté à la situation, objectivité du propos…) ▶ produire un texte lisible et communicable ▶ corriger les erreurs ou maladresses repérées après relecture critique
Littérature (parler, lire, écrire)		
~~Lire~~ PARLER	**Formuler** dans ses propres mots une lecture entendue.	▶ mémoriser les éléments essentiels du texte (qui dépendent du type de texte) ▶ traduire avec sa propre syntaxe et son propre lexique sa compréhension du texte ▶ utiliser de façon personnelle certains extraits
	Participer à un débat sur **l'interprétation d'un texte** littéraire en étant susceptible de **vérifier dans le texte** ce qui interdit ou permet l'interprétation soutenue.	▶ distinguer un jugement personnel d'une justification ▶ utiliser les éléments de justification relatifs au contexte, au texte, aux actions, aux personnages ▶ utiliser les éléments de justification relatifs au non-dit du texte ▶ utiliser le raisonnement logique pour tirer des conclusions d'un texte ▶ formuler, de manière argumentée, son interprétation du texte
	Être capable de **restituer** au moins **dix textes** (de prose, de vers ou de théâtre) parmi ceux qui ont été mémorisés.	▶ dire de mémoire, par une diction et un débit adaptés, le texte ▶ respecter les éléments rythmiques et les intonations ▶ restituer le texte de manière fluide prouvant ainsi qu'il est bien mémorisé

	Dire quelques-uns de ces textes en proposant une **interprétation** (et en étant susceptible d'expliciter cette dernière).	▶ préparer la restitution orale dans une perspective de communication ▶ adapter son débit à la longueur et au rythme des phrases ▶ adapter le ton au type de texte ▶ insister sur les éléments significatifs du texte : ponctuation, mots, expressions, assonances ▶ faire percevoir la distinction entre récit et discours direct, entre l'expression des différents personnages
	Mettre sa voix et son corps en jeu dans un travail collectif portant sur un **texte théâtral ou sur un texte poétique**.	▶ utiliser les variations de sa voix pour interpréter un texte ▶ rechercher les éléments gestuels, les déplacements susceptibles de soutenir ou de compléter l'expression du texte ▶ appliquer les indications scéniques données par l'auteur ▶ analyser les effets de telle ou telle interprétation par référence au texte ▶ choisir l'interprétation la plus fidèle au texte
Lire	Se servir des catalogues (papiers ou informatiques) de la BCD pour **trouver un livre**.	▶ connaître la classification d'une BCD ▶ connaître l'organisation d'une BCD ▶ connaître la structure des catalogues disponibles ▶ utiliser les catalogues disponibles ▶ rechercher un livre en fonction de critères différents (auteur, titre, thème, type d'ouvrage)
	Se servir des informations portées sur **la couverture et la page de titre d'un livre** pour savoir s'il correspond au livre que l'on cherche.	▶ préciser sa recherche (auteur, titre, thème, type d'ouvrage) ▶ repérer les informations disponibles sur une page de couverture ▶ mettre en relation les différentes informations entre elles ▶ déduire, à partir de ces indices, des éléments de contenu de l'ouvrage ▶ sélectionner ou non l'ouvrage

	Comprendre en lisant silencieusement un texte littéraire court (petite nouvelle, extrait…) de complexité adaptée à l'âge et à la culture des élèves en s'appuyant sur un traitement correct des substituts des noms, des connecteurs, des formes verbales, de la ponctuation… et en faisant **les inférences** nécessaires.	
	Lire, en le comprenant, un texte littéraire long en **mettant en mémoire** ce qui a été lu (synthèses successives) et en mobilisant ses souvenirs lors des reprises.	▶ mémoriser les éléments essentiels du texte déjà lu ▶ retrouver rapidement certains de ces éléments ▶ noter quelques mots clés facilitant la mobilisation des idées ▶ mettre en relation les parties du texte ou de l'ouvrage déjà lues ▶ mener la lecture à son terme
Écrire	**Élaborer un récit** d'au moins une vingtaine de lignes, avec ou sans support, en respectant des contraintes orthographiques, syntaxiques, lexicales et de présentation.	▶ préciser les éléments essentiels du récit ▶ connaître les caractéristiques du texte narratif ▶ préciser le contexte spatial, temporel et relationnel du récit ▶ adopter une progression logique des actions ▶ respecter la permanence des personnages ▶ mettre en œuvre les compétences syntaxiques, orthographiques et lexicales acquises par ailleurs ▶ corriger après relecture les erreurs ou les maladresses relevées dans le texte
	Écrire un fragment **de texte de type poétique** en obéissant à une ou à plusieurs règles précises en référence à des textes poétiques lus et dits.	▶ connaître les caractéristiques du texte poétique par lecture et comparaison de textes ▶ analyse des règles d'écriture d'un texte simple : structure syntaxique répétitive, procédés d'écriture, rimes ▶ production d'un fragment de texte ▶ rectifier après relecture la mise en œuvre de ces règles d'écriture

Observation réfléchie de la langue française (grammaire, orthographe, conjugaison, vocabulaire)		
Elle permettra à l'élève de comprendre et de retenir : ▶ qu'un texte est structuré ; ▶ que les constituants d'une phrase ne sont pas seulement juxtaposés mais sont liés par de nombreuses relations (avec le verbe, autour du nom) ; ▶ que la plupart des mots, dans des contextes différents, ont des significations différentes ; ▶ qu'il existe des régularités dans l'orthographe lexicale et que l'on peut les mobiliser pour écrire.		
Parler	Participer à l'observation collective d'un texte ou d'un fragment de texte pour mieux **comprendre la manière** dont la langue française y fonctionne ; **justifier** son point de vue.	▶ repérer les divers substituts d'un nom ▶ repérer les mots de liaison ▶ repérer la diversité des temps verbaux d'un texte, en particulier temps du passé dans un texte narratif ▶ repérer les fonctions syntaxiques de la ponctuation ▶ identifier les différents types de phrases ▶ effectuer des manipulations dans un texte (déplacement, remplacement, expansion, réduction) et en mesurer les effets
Lire	Retrouver à quel substantif du texte renvoient les différents **substituts** (pronoms, substituts nominaux).	▶ procéder à des substitutions en s'appuyant sur le sens de la phrase, sur quelques marques orthographiques et grammaticales ▶ procéder à des substitutions en s'appuyant sur quelques marques orthographiques ou grammaticales ▶ associer substantifs et substituts ▶ repérer les risques d'erreur d'interprétation (ex. : pronoms) ▶ trouver des stratégies de validation (substitution, accords…)
	Interpréter correctement les différents **mots de liaison** d'un texte.	▶ repérer dans un texte les connecteurs temporels, spatiaux et logiques ▶ préciser leurs sens par utilisation de synonymes et de contraires ▶ clarifier leur sens par référence au texte

	Comprendre correctement la signification des divers **emplois des temps verbaux du passé** dans la narration.	▶ distinguer les temps verbaux du passé ▶ repérer quelques caractéristiques propres à chacun de ces temps (valeur temporelle) ▶ repérer les nuances temporelles de ces divers emplois dans un récit simple
	Se servir d'un ouvrage simple de grammaire ou d'un répertoire pour **chercher une information**.	▶ connaître les caractéristiques et l'organisation de chacun des outils disponibles (table des matières, index) ▶ repérer l'outil qui convient le mieux pour trouver réponse à une question donnée ▶ associer une difficulté à la règle qui convient ▶ utiliser l'outil en cas d'oubli ou de doute
Écrire	**Repérer**, lors d'un projet d'écriture, **une rupture du choix énonciatif et la corriger**.	
	Opérer toutes les **transformations** nécessaires pour, par un bon usage des **substituts du nom**, donner plus de cohésion à son texte.	▶ utiliser à bon escient les substituts du nom afin d'éviter les répétitions ▶ utiliser à bon escient les substituts du nom afin d'éviter les confusions (un même pronom renvoyant à deux substituts différents) ▶ réaliser les accords nécessaires dans la phrase ▶ équilibrer la position de ces substituts dans le texte
	Employer à bon escient les principaux **mots de liaison**.	▶ connaître le sens de mots de liaison simples ▶ choisir, parmi une liste de mots de liaison, celui qui convient le mieux ▶ vérifier, après relecture, que ce mot est utilisé à bon escient
	Marquer **l'accord sujet/verbe** (situations régulières).	▶ distinguer un groupe verbal ▶ repérer le verbe dans une phrase ▶ repérer le sujet dans une phrase ▶ connaître les règles d'accord sujet/verbe ▶ appliquer les règles d'accord sujet/verbe

		▶ justifier par une règle l'accord sujet/verbe ▶ repérer des erreurs d'accord sujet/verbe ▶ corriger des erreurs d'accord sujet/verbe ▶ accorder le verbe et le sujet quels que soient le temps ou le mode employé ▶ maîtriser les règles de conjugaison
	Repérer et réaliser les chaînes **d'accord dans le groupe nominal.**	▶ distinguer un groupe nominal accord nom/adjectif qualificatif ▶ identifier les marques écrites du féminin et du pluriel du nom, de l'adjectif ▶ repérer le genre et le nombre d'un nom, d'un adjectif ▶ repérer à quel(s) nom(s) l'adjectif se rapporte ▶ connaître la règle d'accord nom/adjectif ▶ appliquer les transformations masculin → féminin et singulier → pluriel aux adjectifs dans le cas de constructions simples (pluriel en « s », « x ») ▶ appliquer les transformations masculin → féminin et singulier → pluriel aux adjectifs dans le cas de constructions complexes (pluriel en « aux », « eaux », « euse », « ive ») ▶ appliquer les chaînes d'accords noms/adjectifs accord nom/déterminant ▶ repérer les différentes déterminations du nom (articles, déterminants possessifs, démonstratifs, indéfinis) ▶ connaître les déterminants singuliers et pluriels ▶ distinguer le déterminant de l'adjectif qualificatif ▶ connaître la règle d'accord nom/déterminant ▶ appliquer la règle d'accord ▶ repérer les erreurs d'accord dans le groupe nominal ▶ corriger les erreurs d'accord

	Distinguer les principaux **homophones grammaticaux** (et/est ; ces/ses/s'est/c'est ; etc.).	▶ reconnaître les principaux homophones grammaticaux ▶ identifier leur nature grammaticale et leur orthographe ▶ appliquer des pratiques de permutation pour vérifier l'orthographe du mot (ex. : je les vois = je vois mes amis → je l'ai vois : forme impossible) ▶ appliquer des pratiques de substitution pour vérifier l'orthographe du mot (ex. : je l'ai vu → nous l'avons vu → je « les » vu : forme impossible) ▶ justifier le choix de l'homophone ▶ corriger dans un texte des erreurs dues à des homophones grammaticaux mal employés
	Construire le présent, le passé composé, l'imparfait, le passé simple, le futur, le conditionnel et le présent du subjonctif des verbes les plus fréquents.	▶ distinguer la valeur de chaque temps ▶ connaître les formes verbales conjuguées ▶ repérer dans un texte le temps des verbes conjugués ▶ reconnaître le groupe du verbe ▶ utiliser à bon escient les formes verbales conjuguées à chaque temps ▶ transformer dans un texte les verbes conjugués d'un temps à l'autre ▶ remplacer un infinitif par une forme conjuguée de l'indicatif ▶ corriger dans un texte les formes verbales mal employées
	Utiliser **les temps verbaux du passé** dans une narration (en particulier en utilisant à bon escient l'opposition entre imparfait et passé simple).	▶ repérer la valeur et l'usage de chaque temps ▶ préserver la concordance des temps au sein d'une narration ▶ associer le temps du verbe à l'effet souhaité (actions rapides = passé simple, actions qui durent = imparfait)
	Utiliser tous les **instruments** permettant de **réviser l'orthographe** d'un texte.	▶ repérer les instruments permettant de réviser l'orthographe : fichier, tableaux de conjugaison, répertoire de règles et d'exemples, dictionnaire, correcteur informatique

		▶ repérer l'outil qui convient le mieux pour vérifier l'orthographe d'un mot ▶ savoir utiliser un dictionnaire ▶ savoir utiliser un cahier de règles ▶ les utiliser à bon escient en cas de doute ou d'erreur
Langue étrangère ou régionale		
Parler	Comprendre quelques énoncés oraux simples dans une autre langue que le français.	▶ mémoriser quelques phrases, comptines, chants ▶ mémoriser un vocabulaire simple acquis en situation ▶ repérer quelques mots connus dans un récit entendu ▶ rechercher le sens d'un mot inconnu en fonction d'indices fournis par le texte ou le contexte ▶ comprendre quelques énoncés en situation puis hors contexte
	Engager un dialogue simple (avec un locuteur facilitant la communication) dans la langue étudiée.	▶ donner son nom, son âge, son sexe, sa classe ▶ désigner une personne, un objet, un animal ▶ exprimer ce qu'il ressent (joie, faim, soif, fatigue, douleur, colère…) ▶ exprimer ses goûts, ses intérêts ▶ engager une relation sociale : saluer, prendre congé, remercier, s'excuser, souhaiter un anniversaire ▶ dire qu'il sait ou ne sait pas, exprimer qu'il a compris ou non, exprimer son accord ou son désaccord, appeler l'attention de ses camarades ou de son maître ▶ reproduire et produire des énoncés en respectant les spécificités phonologiques et accentuelles
	Décrire des lieux ou des personnes connus et faire un très court récit dans une autre langue que le français.	▶ désigner une personne, un objet, un animal, un lieu ▶ les décrire physiquement ▶ produire un récit simple (trois, quatre épisodes)

Lire	Reconnaître des fragments de textes dans leur contexte d'usage dans une autre langue que le français.	▶ repérer les caractéristiques usuelles de certains textes ▶ reconnaître la fonction du texte en s'appuyant sur quelques indices
Écrire	Écrire une courte carte postale dans une autre langue que le français.	▶ écrire une adresse ▶ utiliser des formules d'appel et de politesse simples ▶ transmettre une information ▶ exprimer ce qu'il ressent…
	Répondre à un questionnaire simple dans une autre langue que le français.	▶ répondre par oui ou par non ▶ répondre par un mot ▶ répondre par une phrase affirmative, négative
	Histoire	
Parler	Utiliser correctement le **lexique spécifique** de l'histoire dans les différentes situations didactiques mises en jeu.	▶ repérer et compléter le lexique spécifique` ▶ définir ce lexique ▶ connaître le sens des mots dans leur contexte disciplinaire ▶ connaître si nécessaire le mot, dans le langage courant ▶ distinguer le sens des mots selon leur emploi dans un langage courant ou spécifique ▶ utiliser ce vocabulaire à bon escient pour décrire une situation, analyser une période, situer un document
	Participer à l'examen collectif d'un **document historique** en justifiant son point de vue.	▶ situer le document dans le temps (quand a-t-il été écrit? de quelle période est-il question? quel en est le contexte?) ▶ préciser l'origine du document (qui l'a produit?) ▶ préciser le thème du document (de quoi, de qui parle-t-il?) ▶ situer le document dans l'espace (d'où provient-il? où a-t-il été produit?) ▶ comment se présente-t-il? ▶ examiner le document en justifiant ses conclusions par référence à ses connaissances ou par déduction

	Comprendre et analyser, avec l'aide du maître, **un document oral**.	▶ *cf.* compétence précédente ▶ interpréter les indices oraux (voix, expressions, bruits, nombre de participants) ▶ analyser le document en s'appuyant sur les connaissances acquises ou par déduction
	Avec l'aide du maître, **raconter** un événement ou l'histoire d'un personnage.	▶ situer le récit dans le temps ▶ restituer chronologiquement les étapes du récit ▶ restituer objectivement le récit ▶ utiliser à bon escient le vocabulaire spécifique ▶ utiliser les connaissances acquises sur la période durant laquelle ce récit se situe
Lire	Lire et comprendre **un ouvrage documentaire**, de niveau adapté, et portant sur l'un des thèmes au programme.	▶ repérer les caractéristiques d'un texte documentaire simple (titre, rubriques, légendes, illustrations…) ▶ adopter la modalité de lecture qui convient à ce type d'écrit ▶ utiliser ses connaissances du thème ou de la période pour comprendre le document
	Trouver sur la toile des **informations historiques** simples, les apprécier de manière critique et les comprendre.	▶ distinguer le contenu du document de sa présentation graphique ou de son environnement (site Internet) ▶ s'appuyer sur ces éléments pour rechercher des informations ▶ mémoriser la question ▶ procéder à une lecture rapide du texte (lecture non linéaire et intégrale) ▶ trouver dans le texte la réponse exacte, sous forme de mots, d'expressions ou de phrases
	Avec l'aide du maître, **comprendre un document historique simple** (texte écrit ou document iconographique) en relation au programme, en lui donnant son statut de document.	▶ comprendre ce qu'est un document historique par comparaison avec d'autres types d'écrits ou de représentations à connotation historique ▶ utiliser ses connaissances de la période pour analyser le document

		▶ repérer les informations confirmant, complétant ou contredisant ses connaissances sur la période, sur le fait relaté ou représenté
	Comprendre **un récit historique** en relation au programme, en lui donnant son statut de récit historique.	▶ connaître les caractéristiques d'un récit historique ▶ utiliser ses connaissances de la période ou des faits pour comprendre le récit (quel est le point de vue exprimé? comment les informations sont-elles présentées et organisées entre elles?)
Écrire	**Noter les informations** dégagées pendant l'examen d'un document.	▶ utiliser quelques abréviations simples liées à l'histoire (période, type de document…) ▶ utiliser certains mots clés ▶ noter, en adoptant un ordre logique, certaines informations
	Rédiger une courte synthèse à partir des informations notées pendant la leçon.	▶ donner du sens aux informations notées ▶ retrouver les liens existant entre ces informations (chronologiques, logiques) ▶ formuler simplement les grandes conclusions de la leçon de manière à pouvoir les mémoriser
	Rédiger la légende d'un document iconographique ou donner un titre à un récit historique.	▶ connaître le rôle de la légende d'un document historique ▶ distinguer une légende d'une description ▶ repérer le thème du document ▶ formuler la légende de façon synthétique
	Géographie	
Parler	Utiliser **le lexique spécifique** de la géographie dans les différentes situations didactiques mises en jeu.	▶ repérer et compléter le lexique spécifique ▶ définir ce lexique ▶ connaître le sens des mots dans leur contexte disciplinaire ▶ connaître si nécessaire le sens du mot dans le langage courant ▶ distinguer le sens des mots selon leur emploi dans un langage courant ou spécifique ▶ utiliser ce vocabulaire à bon escient pour décrire un paysage, une carte, analyser un document

	Participer à **l'examen collectif d'un document** géographique (paysage ou carte) en justifiant son point de vue.	▶ situer le document dans l'espace (de quel espace s'agit-il?) ▶ préciser le thème du document (sur quels éléments le document est-il centré? quelles informations contient-il?) ▶ comment l'espace est-il représenté? quelles sont les légendes? ▶ comment est-il organisé? de quelle manière faut-il le lire? peut-on le situer dans le temps? ▶ à quel autre document peut-on l'associer ou le comparer? ▶ examiner le document en justifiant ses conclusions par référence à ses connaissances ou par déduction
	Décrire un paysage.	▶ préciser de quel paysage il s'agit ▶ repérer les différents plans composant ce paysage ▶ décrire ces différents plans en utilisant à bon escient le vocabulaire spécifique ▶ décrire les rapports de similitude ou de contraste entre ces différents plans
Lire	**Lire et comprendre un ouvrage documentaire**, de niveau adapté, et portant sur l'un des thème au programme.	▶ repérer les caractéristiques d'un texte documentaire simple (titre, rubriques, légendes, illustrations…) ▶ adopter la modalité de lecture qui convient à ce type d'écrit ▶ utiliser ses connaissances du thème pour comprendre le document
	Trouver sur la toile des **informations** géographiques simples, les apprécier de manière critique et les comprendre.	▶ s'orienter vers les sites contenant ce type d'information ▶ mémoriser la question ou l'objet de la recherche ▶ distinguer le contenu du document de sa présentation graphique ou de son environnement (site Internet) ▶ s'appuyer sur ces éléments pour rechercher des informations ▶ procéder à une lecture rapide des informations (lecture non linéaire et intégrale) ▶ repérer les informations utiles ▶ analyser ces informations

		▶ confronter, de manière critique, plusieurs sources d'information entre elles
	Lire un document géographique **complexe** (tableau, carte avec légende, diagramme, etc.).	▶ savoir lire un tableau, une carte avec légende, un diagramme… ▶ repérer le thème du document ▶ comparer les informations entre elles ▶ interpréter les informations en s'appuyant sur les connaissances acquises dans ce domaine
Écrire	Pouvoir **rédiger la légende** d'un document géographique.	▶ connaître le rôle de la légende d'un document géographique ▶ distinguer une légende d'une description ▶ repérer le thème du document ▶ formuler la légende de façon synthétique
	Pouvoir **rédiger une courte description** d'un document géographique (paysage).	▶ distinguer une description géographique d'une description littéraire ▶ préciser de quel paysage il s'agit ▶ repérer les différents plans composant ce paysage ▶ décrire ces différents plans en utilisant à bon escient le vocabulaire spécifique ▶ décrire les rapports de similitude ou de contraste entre ces différents plans
	Pouvoir **rédiger une courte synthèse** à partir des informations notées pendant la leçon.	▶ donner du sens aux informations notées ▶ retrouver les liens existant entre ces informations (chronologiques, logiques) ▶ formuler simplement les grandes conclusions de la leçon de manière à pouvoir les mémoriser
	Prendre des notes à partir des informations lues sur une carte.	▶ utiliser quelques abréviations simples liées à la géographie (distances, voies de communication, reliefs…) ▶ noter, en adoptant un ordre logique, certaines informations (comparaisons, itinéraire…)

Mathématiques		
Parler	Utiliser **le lexique spécifique** des mathématiques dans les différentes situations didactiques mises en jeu.	▶ repérer et compléter le lexique spécifique ▶ définir ce lexique (répertoire) ▶ connaître le sens des mots dans leur contexte disciplinaire ▶ connaître si nécessaire le sens du mot dans le langage courant ▶ distinguer le sens des mots selon leur emploi dans un langage courant ou spécifique ▶ utiliser ce vocabulaire à bon escient pour comprendre ou formuler un énoncé de problème, décrire ou analyser une figure géométrique, exprimer une réponse
	Formuler oralement, avec l'aide du maître, un **raisonnement** rigoureux.	▶ analyser sa propre démarche ▶ utiliser un langage clair et précis pour décrire les différentes étapes de la démarche adoptée
	Participer à un débat et échanger des **arguments à propos de la validité d'une solution**.	▶ évaluer la plausibilité des solutions ▶ vérifier sa propre réponse ▶ la référer aux données du problème ▶ la référer aux questions posées ▶ valider la solution par une argumentation de type mathématique ou par un contre-exemple ▶ comparer sa solution à celles de ses camarades ▶ invalider, si nécessaire, sa solution ▶ repérer son erreur ▶ analyser son erreur (calcul, raisonnement, interprétation des données)
Lire	Lire correctement une **consigne d'exercice, un énoncé de problème**.	▶ distinguer une consigne d'un énoncé ▶ repérer les termes importants de la consigne ▶ interpréter correctement les termes de la consigne ▶ se représenter le résultat attendu ▶ comprendre le vocabulaire spécifique

		▶ repérer les indicateurs temporels qui permettent de situer les actions entre elles, même lorsqu'il y a bouleversement de la chronologie ▶ lire toutes sortes de questions : ouvertes, fermées, comparaisons ▶ déduire les questions non posées ▶ lire des énoncés variés et de présentation non traditionnelle ▶ interpréter les données écrites, les données présentées sous forme de tableau, de graphique, de schéma ▶ définir ce qu'on nous demande de trouver
	Traiter les informations d'un document écrit incluant des représentations (diagramme, schéma, graphique).	▶ savoir lire un tableau, une carte avec légende, un diagramme ▶ repérer le type d'informations contenues dans le document ▶ comparer les informations entre elles ▶ lier les informations rédigées à celles contenues dans le diagramme, schéma, graphique ▶ utiliser ces informations pour résoudre un problème
	Lire et comprendre **certaines formulations spécifiques**.	▶ repérer certaines formulations spécifiques ▶ distinguer le sens des formulations selon leur emploi dans un langage courant ou dans un langage mathématique ▶ utiliser ce vocabulaire à bon escient pour comprendre un énoncé de problème
Écrire	Rédiger un texte pour **communiquer la démarche** et **le résultat** d'une recherche individuelle ou collective.	▶ analyser sa propre démarche ▶ utiliser un langage clair et précis pour décrire les différentes étapes de la démarche adoptée ▶ transmettre les résultats obtenus en respectant les conventions de présentation
	Élaborer avec l'aide de l'enseignant des écrits destinés à servir de **référence** dans les différentes activités.	▶ connaître les règles de présentation et de formulation de certains écrits aide-mémoire (répertoire de formules, de règles de construction, de définitions…)

		▶ formuler à l'issue d'une leçon ses écrits de façon à pouvoir les utiliser en situation de réception ou de production ▶ rédiger ses écrits en utilisant des procédés de visualisation permettant de repérer les éléments essentiels à mémoriser
Sciences expérimentales et technologie		
Parler	Utiliser **le lexique spécifique** des sciences et de la technologie dans les différentes situations didactiques mises en jeu.	▶ repérer et compléter le lexique spécifique ▶ définir ce lexique scientifique ▶ distinguer le sens des mots selon leur emploi dans un langage courant ou scientifique ▶ utiliser ce vocabulaire à bon escient pour formuler une hypothèse, une question, une description d'expérience, un raisonnement, exprimer une réponse
	Formuler des questions pertinentes.	▶ formuler des questions à partir d'observations ou d'une grande question initiale ▶ formuler des questions sur les causes, les effets, les rapports (réels ou possibles) entre des faits ▶ formuler des questions permettant de faire évoluer la construction d'un concept, de connaissances
	Participer activement à un **débat argumenté** pour élaborer des connaissances scientifiques en en respectant les contraintes (raisonnement rigoureux, examen critique des faits constatés, précision des formulations).	▶ oser s'exprimer pour traiter une situation-problème à plusieurs ▶ formuler son point de vue en se référant à une analyse objective et critique des faits constatés ▶ argumenter en s'appuyant sur des connaissances objectives ▶ argumenter en se justifiant de manière rigoureuse ▶ intégrer d'autres points de vue permettant de reconsidérer son propre point de vue, de le conforter, de dégager quelques connaissances scientifiques simples
	Utiliser à bon escient les **connecteurs logiques** dans le cadre d'un raisonnement rigoureux.	▶ utiliser des éléments logiques de cause à effet (puisque/alors…) ▶ utiliser un raisonnement *a fortiori* (si déjà/à plus forte raison…) ▶ utiliser un raisonnement basé sur la transitivité (si… si… alors)

	Désigner les principaux éléments **informatiques**.	▶ nommer les principaux composants matériels et logiciels ▶ nommer les différents éléments qui permettent la saisie, le traitement, la sortie, la mémorisation et la transmission de l'information ▶ les utiliser à bon escient
Lire	Lire et comprendre un **ouvrage documentaire**, de niveau adapté, portant sur l'un des thèmes au programme.	▶ repérer les caractéristiques d'un texte documentaire simple (titre, rubriques, légendes, illustrations…) ▶ adopter la modalité de lecture qui convient à ce type d'écrit ▶ utiliser ses connaissances du thème pour comprendre le document
	Trouver sur la toile des **informations scientifiques** simples, les apprécier de manière critique et les comprendre.	▶ s'orienter vers les sites contenant des informations scientifiques ▶ mémoriser la question ou l'objet de la recherche ▶ distinguer le contenu du document de sa présentation graphique ou de son environnement (site Internet) ▶ s'appuyer sur ces éléments pour rechercher des informations ▶ procéder à une lecture rapide des informations (lecture non linéaire et intégrale) ▶ repérer les informations utiles ▶ analyser ces informations ▶ confronter de manière critique plusieurs sources d'information entre elles
	Traiter une information complexe comprenant du texte, des images, des schémas, des tableaux.	▶ savoir lire un tableau, une carte avec légende, un diagramme… ▶ repérer le thème du document ▶ comparer les informations entre elles ▶ interpréter les informations en s'appuyant sur les connaissances acquises dans ce domaine
Écrire	**Prendre des notes** lors d'une observation, d'une expérience, d'une enquête, d'une visite.	▶ utiliser quelques abréviations simples ▶ noter, en adoptant un ordre (logique, chronologique), certaines informations ▶ noter ce qui est essentiel (les grandes étapes, les conclusions, les résultats)

	Rédiger, avec l'aide du maître, **un compte rendu d'expérience ou d'observation** (texte à statut scientifique).	▶ connaître la fonction d'un compte rendu d'expérience ou d'observation ▶ connaître les caractéristiques d'un compte rendu scientifique ▶ repérer les éléments à intégrer ▶ repérer les articulations du développement qui marquent les phases de l'expérience ou les paramètres de l'observation ▶ structurer le document ▶ rédiger le développement (temps des verbes, vocabulaire spécifique adapté à la situation, objectivité du propos) ▶ corriger les erreurs repérées après relecture critique
	Rédiger un texte pour **communiquer des connaissances** (texte à statut documentaire).	▶ repérer de quel type de texte il s'agit (fiche d'identité, texte explicatif) ▶ structurer le texte (rubriques, titres intermédiaires) ▶ organiser logiquement les informations ▶ formuler les informations de manière précise, en utilisant le vocabulaire scientifique
	Produire, créer, modifier et exploiter un document à l'aide d'un logiciel de **traitement de texte**.	▶ utiliser un logiciel de traitement de texte ▶ sauvegarder les versions successives de sa production ▶ modifier sa production en respectant les contraintes imposées par le type de texte mis en page ▶ adapter la disposition générale du texte dans la page (espaces, paragraphes, caractères) ▶ relire son texte avec un guide de relecture avant de l'imprimer ▶ corriger les erreurs ou maladresses relevées dans le texte ▶ restructurer le texte
	Communiquer à l'aide d'une **messagerie électronique**.	▶ connaître la fonction des différentes icônes ▶ utiliser ces différentes fonctions ▶ remplir un message (destinataire(s) principaux, secondaires, objet du message, contenu du message, pièces jointes, date d'envoi)

		▶ envoyer un message ▶ recevoir un message ▶ lire un message ▶ gérer sa boîte aux lettres
	Éducation artistique	
Parler	Utiliser **le lexique spécifique** de l'éducation artistique dans les différentes situations didactiques mises en jeu.	▶ repérer et compléter le lexique spécifique` ▶ définir ce lexique ▶ connaître le sens des mots dans leur contexte disciplinaire ▶ connaître si nécessaire le mot, dans le langage courant ▶ distinguer le sens des mots selon leur emploi dans un langage courant ou spécifique ▶ utiliser ce vocabulaire à bon escient pour décrire une production, rendre compte d'un projet, analyser une œuvre, exprimer un avis
	Commencer à **expliciter ses choix et ses jugements** face aux pratiques artistiques réalisées ou aux œuvres rencontrées.	▶ analyser simplement une production : technique utilisée, thème, effet produit, qualité de la réalisation… ▶ apprécier ou non une production en justifiant son point de vue (rapports thème/effet produit, technique/effet rendu, comparaisons avec d'autres réalisations…) ▶ expliciter ses choix en utilisant à bon escient le vocabulaire spécifique
	Participer activement à l'élaboration **d'un projet collectif** de création artistique.	▶ définir le thème ▶ préciser les éléments de contenu ▶ décider les techniques et matériaux nécessaires ▶ préciser les étapes et les modalités de mise en œuvre ▶ décider des modalités de présentation du projet ▶ formuler le projet en utilisant à bon escient le vocabulaire spécifique

Lire	**Trouver et lire les documents** nécessaires à l'élaboration d'un projet artistique.	▶ rechercher dans une BCD, un musée ou sur Internet des documents relatifs au projet ▶ lire différents types de document : iconographique, fiche technique… ▶ sélectionner les informations nécessaires à la conception, à la réalisation du projet
	Trouver sur la toile des informations artistiques et culturelles simples, les apprécier de manière critique et les comprendre.	▶ s'orienter vers les sites contenant des informations artistiques ou culturelles ▶ mémoriser la question ou l'objet de la recherche ▶ distinguer le contenu du document de sa présentation graphique ou de son environnement (site Internet) ▶ s'appuyer sur ces éléments pour rechercher des informations ▶ procéder à une lecture rapide des informations (lecture non linéaire et intégrale) ▶ repérer les informations utiles ▶ analyser ces informations ▶ confronter de manière critique plusieurs sources d'information
Écrire	Rendre compte, dans un projet d'écriture collective, d'une réalisation artistique **(catalogue d'une exposition, programme d'un concert, guide pour la visite d'un monument, affiche)**.	▶ connaître les caractéristiques de ces différents supports d'écrits : fonction, présentation, contenu… ▶ choisir le type de support approprié au projet ▶ organiser les informations en respectant, selon le projet, une certaine logique (classement des œuvres d'un catalogue par thème, artiste, période…)
	Participer à l'élaboration collective **d'un écrit de fiction** en référence à une œuvre ou à une série d'œuvres d'art.	▶ imaginer la trame d'un récit à partir d'un élément figuratif ou non, présent dans une ou plusieurs œuvres (proches ou non par le thème, les personnages, les décors) ▶ clarifier la place de l'œuvre vis-à-vis du récit : inspiration du récit ou élément intégré au récit ▶ concevoir le texte en utilisant l'œuvre comme point de départ, étape ou fin du récit

		▶ intégrer si nécessaire, la description de l'œuvre (intégrale ou partielle) au récit ▶ produire des récits de fiction différents à partir de la même œuvre ▶ choisir le récit le plus cohérent avec l'œuvre
	Éducation physique et sportive	
Parler	Utiliser **le lexique spécifique** de l'éducation physique et sportive dans les différentes situations didactiques mises en jeu.	▶ repérer et compléter le lexique spécifique ▶ définir ce lexique ▶ connaître le sens des mots dans leur contexte disciplinaire ▶ connaître si nécessaire le mot dans le langage courant ▶ distinguer le sens des mots selon leur emploi dans un langage courant ou spécifique ▶ utiliser ce vocabulaire à bon escient pour décrire une activité, rendre compte d'un événement, analyser une performance, exprimer une proposition ▶ comprendre un document contenant ce lexique spécifique
	Participer à l'élaboration **d'un projet d'activité.**	▶ définir le projet dans un domaine d'activité précis ▶ préciser les composantes de ce projet ▶ préciser les étapes et les modalités de mise en œuvre ▶ décider des moyens techniques et matériels nécessaires ▶ décider des modalités de présentation du projet ▶ formuler le projet en utilisant à bon escient le vocabulaire spécifique
	Expliciter les difficultés que l'on rencontre dans une activité.	▶ observer les difficultés rencontrées par des camarades ▶ les formuler en utilisant le vocabulaire spécifique ▶ repérer la nature de ses propres difficultés (physique, technique, psychologique, sociale…) ▶ les expliciter avec objectivité en s'appuyant sur quelques critères de réussite de l'activité

Lire	Lire **une règle de jeu, une fiche technique et les mettre en œuvre.**	▶ connaître les caractéristiques de ce type de texte (structure, vocabulaire, syntaxe, circuit de lecture) ▶ comprendre les différentes consignes constitutives du texte ▶ retrouver les relations existant entre les différentes consignes (relations temporelles, logiques) ▶ appliquer les consignes en respectant la chronologie des opérations ▶ vérifier la validité de la mise en œuvre par référence au texte
	Trouver sur la toile des informations concernant les activités sportives de référence des activités pratiquées.	▶ repérer les sites proposant des informations sportives ▶ sélectionner les sites proposant des informations concernant certaines activités sportives ▶ lire différents types de document : iconographique, fiche technique, règle de jeu, articles, résultats sportifs… ▶ distinguer le contenu du document de sa présentation graphique ou de son environnement (site Internet) ▶ procéder à une lecture rapide des informations (lecture non linéaire et intégrale) ▶ repérer les informations utiles ▶ analyser ces informations ▶ confronter de manière critique plusieurs sources d'information
Écrire	Rédiger **une fiche technique** permettant de réaliser un jeu (matériel nécessaire, durée, lieu…).	▶ connaître les caractéristiques du texte prescriptif ▶ rédiger la partie « matériel » ▶ repérer les différentes opérations à réaliser ▶ les formuler en respectant l'ordre chronologique de réalisation du jeu, le vocabulaire et la syntaxe spécifiques à ce type de texte ▶ valider la production par l'exécution des consignes
	Noter les performances réalisées et les présenter de manière à réutiliser l'information dans les prochaines séances.	▶ connaître les caractéristiques et les fonctions d'un tel document ▶ utiliser ou réaliser un document de saisie des performances ▶ l'utiliser à bon escient (moment d'enregistrement de la performance, façon de l'exprimer)

	Rendre compte d'un événement sportif auquel la classe a participé (dans le cadre de l'USEP par exemple).	▶ connaître la fonction et les caractéristiques d'un compte rendu ▶ distinguer les caractéristiques d'un compte rendu de celles d'un récit ▶ préciser la fonction de ce compte rendu (incitatif, descriptif) ▶ repérer les articulations du développement qui marquent les phases de l'événement ▶ rédiger le compte rendu en adaptant le vocabulaire au destinataire visé ▶ produire un texte lisible et communicable

DES OUTILS AU SERVICE DES DISCIPLINES

La problématique de l'enseignement de la langue écrite se pose en termes extrêmement spécifiques :
– savoir lire et savoir écrire résultent d'un apprentissage permanent et, par nature, jamais achevé ;
– l'un comme l'autre ne se fondent pas sur un « programme » notionnel, comme en mathématiques par exemple, mais sur un entraînement régulier, quasi quotidien(1), et diversifié.
Il nous paraît donc important de tenter de tracer les grandes lignes de cette diversification.
Celle-ci se caractérise à la fois par :
– la nature des textes,
– la trame de variance modulant leur degré de complexité,
– la stratégie pédagogique des enseignants.

La nature des textes

En réception comme en production, les élèves doivent fréquenter de manière régulière et progressive différents types de textes. La typologie simplifiée suivante, tirée de l'ouvrage de J.-P. Stekiewiez(2), permettra aux maîtres de définir leurs progressions quant à la présentation de ces textes aux élèves.

1. Si j'ai acquis les mécanismes de la soustraction à retenue, et si cet apprentissage est installé, je ne saurai jamais effectuer 54-38 mieux qu'aujourd'hui. En revanche, si je lis correctement un texte, je ne peux certifier que ma lecture en sera aussi maîtrisée dans l'avenir. De même, je saurai effectuer d'autres soustractions similaires. Je ne peux disposer de la même certitude vis-à-vis de textes équivalents.
2. Maîtriser l'expression écrite, Hachette.

1. Le texte narratif
Raconter une histoire (conte, roman, nouvelle, fait divers, etc.).

2. Le texte descriptif
Montrer, décrire (paysage, portrait). Apprendre quelque chose en informant (description d'un animal, d'une plante, d'une expérience, commentaire sur une région, une ville, etc.).

3. Le texte explicatif
Apprendre en expliquant. Répondre à une question posée (résumé scientifique, fonctionnement d'une écluse, etc.).

4. Le texte injonctif
Faire faire quelque chose à quelqu'un (problème de mathématiques, bricolage, recette de cuisine, travail manuel, notice de montage, fiche de jeu, etc.).

5. Le texte poétique
Jouer avec les mots (poésie en prose ou en vers, passage poétique, etc.).

6. Le texte argumentatif
Convaincre quelqu'un. Persuader (idée à défendre, point de vue, publicité, débat, etc.).

Cependant, au cours de l'année, dans la même classe, mais aussi d'une année à l'autre, le degré de complexité des textes doit croître en fonction d'une trame de variance sur laquelle il revient aux enseignants de s'accorder.

La trame de variance modulant leur degré de complexité

La trame de variance s'appuie sur des critères modulables dont le choix induira une activité de plus en plus soutenue de l'enfant, et qui témoignera du degré de maîtrise de ses compétences, en réception comme en production de textes.
Ainsi pourra-t-on jouer sur :
– la longueur du texte,
– sa complexité lexicale,
– sa complexité sémantique,
– sa complexité syntaxique,
– son univers imaginaire ou réel,
– la présence ou l'absence d'illustrations,
– la variété des supports,
– la variation des époques,
– le genre,
– le statut fonctionnel ou non,
– la précision des repères chronologiques,
– le nombre et la facilité d'identification des personnages,
– le nombre de relations entretenues entre les personnages,
– le nombre d'actions et leur enchevêtrement,
– la part de l'explicite et du non-dit,
– l'univocité ou l'équivocité,
– les modalités de lecture possibles (rapide, sélective, analytique),
– les contenus de savoirs nouveaux,
– les émotions encore inconnues de l'élève, etc.
Ainsi, un texte de même nature, nécessitera, en réception comme en production et selon son degré de complexité, une compétence plus affirmée de l'élève, d'un cycle à l'autre.

La stratégie pédagogique des enseignants

La fréquence d'un mot est fixée en fonction de sa probabilité d'apparition moyenne au sein d'un corpus. Ainsi le verbe « être », par exemple, se rencontre environ une fois tous les 38 mots, alors que le verbe « croire » ne se rencontre qu'une fois tous les 896 mots. Les échelles de fréquences ont ainsi établi des listes de mots dont l'emploi est plus probable, et donc plus utilisés par le public. Paradoxalement, les répertoires de mots constitués à partir des échelles de fréquences, bien qu'utiles, restent peu répandus. Ils permettent cependant :
– de s'accorder sur un répertoire minimal de mots à acquérir chaque année, aussi bien au plan lexical, sémantique, orthographique ou grammatical, et ce sans souci d'exhaustivité. Ainsi, méthodiquement, tout au long de son cursus, l'enfant verrait progressivement son répertoire actif s'enrichir d'un nombre considérable de mots ;
– d'éviter des « erreurs stratégiques » : traditionnellement, certaines notions sont abordées selon un rituel immuable, Ainsi en est-il, par exemple, de l'enseignement de la conjugaison qui débute par l'étude des verbes du premier groupe, et qui se poursuit par celle des verbes du deuxième, puis du troisième groupe.
Or l'analyse des 17 verbes les plus fréquemment employés montre que 14 d'entre eux sont irréguliers et représentent à eux seuls 96 % de la fréquence totale de ces 17 verbes !
être, avoir, faire, dire, pouvoir, voir, aller, savoir, vouloir, venir, prendre, devoir, falloir, donner, trouver, croire, parler
Chacun peut ainsi juger de l'importance d'une priorité à donner à l'apprentissage de ces verbes que les enfants utilisent de manière plus fréquente dans leur expression orale et écrite.

Cinquième partie

De l'évaluation aux réponses pédagogiques

- De l'évaluation aux réponses pédagogiques
  - Pour savoir où en sont les élèves… l'évaluation diagnostique
  - Un exemple illustré
  - Les élèves au travail… les situations d'apprentissage
  - Pour savoir ce que les élèves apprennent… différents types d'évaluation
  - Pour aider les élèves de manière adaptée… l'analyse des erreurs
- Erreurs relatives à la situation et réponses pédagogiques
- Erreurs relatives à la consigne et réponses pédagogiques
- Erreurs relatives aux opérations intellectuelles et réponses pédagogiques
- Erreurs relatives à l'acquis antérieur et réponses pédagogiques
- Un outil d'information et de décision : le livret de l'élève

DE L'ÉVALUATION AUX RÉPONSES PÉDAGOGIQUES

Pour savoir où en sont les élèves… l'évaluation diagnostique

En début d'année, l'enseignant a prévu, avant l'arrivée de ses élèves, l'organisation matérielle et pédagogique de la classe.
En collaboration avec les autres maîtres du cycle, il a notamment établi, à l'aide des descriptifs d'objectifs, la partie du programme qui lui reviendra, *a priori*, de traiter.
Cependant, chacun sait qu'il aura à adapter ces contenus, à modifier les limites fixées dans certains domaines en fonction des acquisitions réelles des enfants, et ce pour accroître l'efficacité de son enseignement. Notons bien qu'il ne s'agit, en aucun cas, ni de «baisser le niveau», ni de l'«élever» arbitrairement, mais bien de connaître les compétences que l'élève a commencé à maîtriser, et de les prendre en compte **pour lui permettre de poursuivre ces apprentissages**.
C'est là le but poursuivi par l'aménagement d'une phase d'**évaluation diagnostique** dont il nous faut préciser les caractéristiques.

Quand se pratique-t-elle ?

Avant d'aborder un nouvel apprentissage, afin de mieux cibler le travail ultérieur en fonction des besoins qui seront recensés.

Quelle est sa fonction ?

Ce type d'évaluation vise à établir le niveau d'apprentissage d'un élève en regard des objectifs poursuivis.

À qui s'impose-t-elle ?

D'une manière générale, à tous les élèves à propos desquels le maître ne dispose pas d'informations précisées et récentes quant à leurs acquisitions relatives aux apprentissages concernés (élèves nouvellement arrivés, apprentissages non encore abordés, etc.).

Comment la mettre en œuvre ?

Le maître choisit, au sein des descriptifs, et pour un apprentissage considéré, les objectifs intermédiaires sur lesquels vont s'étayer les épreuves d'évaluation diagnostique.
La formulation, de type **univoque**, des objectifs intermédiaires doit permettre à l'enseignant de :
– déterminer précisément quel(s) comportement(s) il souhaite observer pour identifier l'activité de l'élève,
– choisir les situations pédagogiques qui favoriseront l'émergence de ces comportements pour les évaluer.

À quoi conduit-elle ?

L'**observation** des élèves en cours de production, le recensement des **difficultés** rencontrées et de leurs **erreurs**, le constat de leur incapacité totale ou partielle à réaliser les tâches proposées doivent conduire le maître à :
– déterminer le seuil de compétence déjà atteint par l'élève au sein de l'apprentissage considéré,
– choisir, au sein des descriptifs d'objectifs, en fonction de cette compétence ainsi circonscrite, l'**objectif intermédiaire** suivant à atteindre par l'élève pour compléter l'apprentissage en cours.

Un exemple illustré

Avant d'aborder le travail relatif à **la maîtrise de la combinatoire**, prélevons au sein des descriptifs les objectifs intermédiaires relevant de cet apprentissage et sur lesquels vont s'étayer les situations d'évaluation diagnostique. (Rappelons qu'à cette étape du travail, notre but n'est ni de certifier ni de vérifier l'acquisition d'un savoir, mais de connaître le niveau de compétence de l'élève au sein de l'apprentissage afin de l'aider à le compléter.)

Compétence à acquérir au cours du cycle retenu

Maîtriser la combinatoire

Objectifs intermédiaires retenus (à titre exploratoire)

– segmenter la chaîne écrite en mots
– repérer la place des syllabes dans un mot dit
– repérer la place des phonèmes dans un mot dit
– repérer la place des syllabes dans un mot écrit
– repérer la place des phonèmes dans un mot écrit
– observer la relation entre mots écrits et mots dits
– mettre en correspondance ce qui se voit et s'entend
– mettre en correspondance ce qui se voit et ne s'entend pas

Concernant ces objectifs, de quoi les élèves sont-ils déjà capables ?

Situation d'évaluation diagnostique

Des phrases non segmentées sont proposées aux élèves qui doivent, après lecture, les réécrire correctement.
Exemple : « Lesacestposéàcôtédemoi »

Certaines d'entre elles présenteront des caractéristiques graphiques et/ou phonologiques particulières :
« Lesingesautesurl'arbre » sera plus difficile à segmenter que « Lecoqchantetôtlematin » par exemple, en raison de diverses confusions possibles : « Le » ou « Les », « singe » ou « singes », « saute » ou « sautes » prenant ainsi l'apparence d'un pluriel, etc.

Erreurs et difficultés massives

Les limites

L'observation des élèves permet de déterminer les bornes (inférieure et supérieure) du champ d'intervention de l'enseignant, ici :
– borne inférieure : la notion même de segmentation n'est totalement étrangère à aucun élève,
– borne supérieure : aucun élève ne parvient à segmenter la totalité des phrases proposées, notamment celles présentant plusieurs ambiguïtés graphiques.

Les difficultés

Elles n'apparaissent pas toujours nettement au constat final, mais résultent de l'observation des élèves en cours de production :
– certains ne disposent pas de stratégie de lecture, encore trop coûteuse pour eux, et restent prisonniers d'une découverte euristique,
– certains disposent bien d'une stratégie de lecture, mais ils ne s'aident pas des signes diacritiques ou des marques orthographiques,
– certains ne lient pas l'activité de segmentation à celle de compréhension.

Les erreurs

A) Pour certains élèves,

«Lecoqchantetôtlematin» devient «Le/coq/chan/tetôt/le/ma/tin.» La segmentation est absolument aléatoire, et repose sur un nombre de lettres plus ou moins régulier. L'enfant semble s'attacher alors à la forme extérieure qu'il donne aux mots en les allongeant plus ou moins, et en y mêlant parfois une suite de syllabes, dont certaines lui rappellent des petits mots déjà rencontrés.

B) Pour d'autres,

«Lesingesautesurl'arbre» devient «Les/inges/aute/sur/l'arbre.» Ils montrent ainsi une tendance à se laisser influencer par le trait de surface «Les» qui va conditionner la suite de l'activité, et induire une recherche à tout prix d'une confirmation du pluriel «inges». Ceci révèle à la fois, au plan orthographique, un réflexe intéressant (l'enfant pense à une conjonction de signes indiquant le pluriel dans une phrase), bien que mal installé, mais également une tendance à accepter des mots inconnus et à se satisfaire d'une phrase dont le sens nous échappe totalement.

C) Pour d'autres enfin,

«Lecoqchantetôtlematin» devient «Lecoq/chantetôt/lematin» révélant ainsi clairement une confusion due, au plan prosodique, à l'influence jouée par la segmentation de la phrase en groupes de souffle, sur sa segmentation en mots.

Programmation du travail à venir

À court terme:

Groupe A: être capable de segmenter à l'oral une phrase puis de retrouver ces mots à l'écrit;

Groupe B: être capable d'une procédure de vérification conduisant à relire les mots ainsi obtenus pour s'assurer de leur existence;

Groupe C: être capable de segmenter chaque groupe de souffle pour en retrouver les mots.

À moyen terme, pour tous:

Être capable de segmenter correctement en mots, à l'écrit, les phrases proposées.

Les élèves au travail... les situations d'apprentissage

Après avoir analysé les résultats de l'évaluation diagnostique à laquelle il a procédé, après avoir déterminé le ou les objectif(s) intermédiaire(s) à atteindre pour permettre aux enfants d'acquérir la maîtrise de la compétence considérée, l'enseignant doit choisir, avec une minutie toute particulière, les situations d'apprentissage auxquelles les élèves seront confrontés.

Les buts des situations d'apprentissage

Les situations d'apprentissage doivent permettre aux élèves, tour à tour de:

– découvrir peu à peu les champs des savoirs ignorés jusqu'alors,
– comprendre et acquérir ces savoirs nouveaux,
– consolider ses acquisitions jusqu'à maîtriser les compétences qu'elles sous-tendent,
– transférer ses savoirs à d'autres situations que celles rencontrées auparavant.

Situations d'apprentissage et objectifs pédagogiques

Les objectifs pédagogiques déterminent les situations d'apprentissage et en conditionnent la mise en œuvre. Il ne convient

donc pas d'adopter la démarche inverse qui consisterait à choisir d'abord une situation, puis à justifier, *a posteriori*, les objectifs atteints.
Par ailleurs, il s'avère fondamental de couvrir tous les objectifs liés à la compétence à maîtriser, faute de quoi l'enseignant considérerait comme acquis un apprentissage incomplet.

Situations d'apprentissage et observation
Pour pouvoir observer les comportements attendus, l'enseignant doit choisir des situations d'apprentissage correspondant très précisément à l'objectif à atteindre. C'est pour accroître l'efficacité de l'observation que les situations d'apprentissage doivent être courtes, et mettre l'enfant en situation de production (écrite, orale, comportementale...), la majeure partie du temps.

Situations d'apprentissage et diversification pédagogique
La clarté des objectifs intermédiaires facilite le repérage et le choix de situations d'apprentissage et d'exercices d'application, de consolidation et de transfert qui y répondent. Cette recherche peut alors s'appuyer sur différents supports pédagogiques dont dispose le maître (manuels, fichiers, revues, etc.) pour favoriser une diversification des stratégies pédagogiques.

Situations d'apprentissage et erreurs
La conception des exercices proposés aux élèves durant la phase d'apprentissage ne doit pas faire obstacle à l'émergence des erreurs, étape importante du processus d'apprentissage.
C'est pourquoi l'enseignant préférera, aux situations fermées, qui n'appellent de la part de l'élève que des conduites automatiques et des «réponses obligées» (certains exercices à trous par exemple) des situations-problèmes, plus ouvertes, et nécessitant l'exercice d'un choix conscient à expliciter.

Situations d'apprentissage et évaluation
Les situations d'apprentissage doivent préparer les élèves à l'évaluation, immédiate ou différée, qui suivra. C'est pourquoi elles doivent répondre aux mêmes objectifs que ceux visés lors de l'apprentissage (même si la situation d'évaluation est plus complexe et recouvre plusieurs objectifs intermédiaires), et en respecter les modalités (présentation, consigne, communication des résultats, etc.).

Pour savoir ce que les élèves apprennent... différents types d'évaluation

Au-delà de l'évaluation diagnostique qui trouve sa place en amont de l'activité d'apprentissage proprement dite des élèves, deux autres grands types d'évaluation, l'évaluation **formative** et l'évaluation **sommative**, habitent la démarche de l'enseignant et répondent à deux de ses préoccupations:
– l'évaluation **formative** vise à assurer la progression de l'élève en regard des apprentissages concernés dans le travail prévu, et revêt plutôt un caractère de régulation;
– l'évaluation **sommative** vise à certifier le degré de maîtrise d'une partie, ou de la totalité, de l'objet d'apprentissage étudié, et revêt plutôt un caractère de bilan, intermédiaire ou final.
Loin de s'exclure, elles se complètent mutuellement au sein d'une démarche qui se veut formatrice, et ce malgré de nombreuses différences quant à leur rôle respectif, leur fonction, et leurs caractéristiques répertoriées dans le tableau page suivante.

	ÉVALUATION FORMATIVE	ÉVALUATION SOMMATIVE
QUAND LA PRATIQUER ?	Fréquemment, régulièrement au cours de l'apprentissage, durant le temps de travail des élèves.	À l'issue d'une étape ou de l'ensemble d'un programme de travail.
POUR ÉVALUER QUOI ?	La maîtrise progressive de compétences comportementales, méthodologiques, conceptuelles et d'habiletés techniques et psychomotrices.	L'acquisition effective d'une partie ou de la totalité d'un programme et de l'ensemble des compétences y afférant, afin de certifier la maîtrise effective de l'apprentissage considéré.
COMMENT RECUEILLIR CES INFORMATIONS ?	• En privilégiant l'observation des élèves pour prélever au sein de leurs formulations et de leurs productions les erreurs et les difficultés qu'ils rencontrent. • En analysant ces éléments et en y apportant des réponses de remédiation pédagogique.	En utilisant un instrument de mesure validant et fiable (un examen de contrôle, ou une épreuve d'évaluation assortie d'une notation) : – représentatif du programme abordé, des compétences et des apprentissages concernés, – respectant une cohérence entre les principes directeurs du travail effectué et les situations d'évaluation.
DANS QUEL BUT ?	• Pour poursuivre ou modifier l'enseignement : – planifier la progression, – adapter stratégies, matériel. • Prescrire à l'élève tâches d'entraînement ou correctifs pour améliorer l'apprentissage.	• Pour certifier le niveau de l'élève dans les apprentissages concernés. • Pour attester l'acquisition du programme étudié. • Pour prononcer le passage en classe supérieure. • Pour procéder à l'orientation des élèves.

Le rôle de l'évaluation CE2 / 6e

Ces premières réflexions nous permettent de mieux situer le rôle de l'opération **évaluation CE2 / 6e**. Cette opération, de caractère national, a offert, au cours des années écoulées, l'avantage majeur de pouvoir confronter tous les élèves du territoire à de mêmes normes, dans de mêmes conditions.

Toutefois, de nombreuses réactions ont révélé, tour à tour, le désarroi de certains enseignants face à des éléments de programme peu abordés, ou non abordés du tout (la symétrie, par exemple), et leur déception devant les pourcentages nationaux de non-réussite, ou de mauvaise réussite aux situations qui relevaient de ces apprentissages.

Ces réactions ont, à leur tour, montré la nécessité de préciser les **fonctions** de cette opération, relativement mal saisies, et leurs conséquences sur la pratique pédagogique des enseignants.
Situées l'une comme l'autre au terme d'un cycle, les opérations d'évaluation CE2 et 6e remplissent trois fonctions :
– une fonction d'**évaluation sommative**, qui permet à l'enseignant de vérifier que les compétences, considérées normalement comme acquises au cours du cycle précédent, le sont effectivement ;
– une fonction d'**évaluation formative** qui conduit l'enseignant à recenser et à analyser les erreurs et les difficultés des élèves pour les aider à compléter leurs apprentissages par des actions de remédiation ;
– une fonction d'**évaluation diagnostique**, qui permet à l'enseignant de constater les compétences déjà acquises par l'élève, et relatives à des apprentissages qui seront abordés au cours du cycle actuel (mais dont la maîtrise n'était pas exigée à l'issue du cycle précédent).
C'est à ce triple titre qu'elle constitue le fondement de la démarche pédagogique **formatrice** de l'enseignant.

Quelques limites de l'évaluation

Toutefois, cette pratique ne relève pas d'une activité automatique du maître et ne va pas sans nécessiter quelques mises en garde.
Parmi les **dérives** possibles de l'évaluation, l'une d'entre elles consiste à **évaluer** bien trop souvent **par écrit ce qui a été enseigné oralement**. Il arrive alors fréquemment que l'élève soit mis en difficulté, non par la compétence exigée de lui, mais par les modalités de communication de son savoir.

Par ailleurs, il est curieux de constater que la notion d'épreuve d'évaluation provoque souvent une représentation écrite de celle-ci. Or il convient de multiplier les formes de l'évaluation, autant que de les adapter aux compétences des élèves.
Ceci s'avère particulièrement valable à l'école maternelle où les enfants ne savent pas encore s'exprimer par écrit et où, néanmoins, l'évaluation revêt la même importance et occupe la même place qu'à l'école élémentaire.
Enfin, souvent, la situation d'évaluation, mal choisie, ne permet pas l'émergence des comportements attendus, des difficultés éventuellement ressenties et des erreurs possibles.
Le maître mesure alors autre chose que ce qu'il croit évaluer.
C'est pour aider l'enseignant à construire des situations d'évaluation fiables et validantes que les descriptifs d'objectifs détaillent de manière précise les apprentissages considérés.
Une fois les objectifs intermédiaires atteints, il pourra concevoir, sans équivoque, des situations plus complexes auxquelles les élèves pourront se confronter pour transférer, à cette occasion, les compétences acquises.

Les cahiers d'aide à l'évaluation

Ces outils, fournis à chaque maître par le ministère de l'Éducation nationale, présentent un intérêt certain.
Au plan de la conception et de la présentation, tout d'abord, chaque fiche constitue un véritable guide méthodologique, un modèle dont peuvent s'inspirer les enseignants pour produire d'autres documents de même nature.
Par ailleurs, les situations proposées sont agrémentées d'éléments d'analyse et de commentaires relatifs aux réponses atten-

dues, aux erreurs possibles, à l'objectif visé, et susceptibles d'aider considérablement les enseignants dans leur pratique quotidienne.

Ces instruments ne privilégient aucune méthode pédagogique. Ils trouveront aisément leur place dans la progression que chaque équipe d'enseignants aura établie au sein du cycle, soit :

– **avant** l'introduction d'une notion nouvelle, dans le cadre d'une évaluation diagnostique,

– **en cours** d'apprentissage, dans le cadre d'une évaluation formative,

– **après** un apprentissage pour vérifier les acquis des élèves, dans le cadre d'une évaluation sommative.

Ils sont destinés à venir alimenter une **banque d'outils** qui doit se constituer peu à peu au sein des écoles, au service d'une pratique de plus en plus éclairée et de mieux en mieux armée de l'enseignant.

Il convient cependant d'insister sur trois points majeurs :

– ces outils ne concernent encore seulement que les disciplines de français et de mathématiques. La même démarche et le même type d'outils doivent peu à peu nourrir les **autres champs disciplinaires** ;

– ils donnent lieu à des réponses écrites, mais ne doivent pas nous faire oublier que **d'autres modalités** d'évaluation sont possibles et souhaitables (réponses orales, comportementales, méthodologiques, etc.) ;

– la quantité de situations proposées dans les différents champs disciplinaires est très inégale (par exemple, au cycle des apprentissages fondamentaux ne figure qu'une fiche en vocabulaire).

Pour l'ensemble de ces raisons, il appartiendra à chacun de ne pas se limiter à l'utilisation de ces outils, et de les compléter pour pouvoir évaluer une compétence qui n'y serait pas prise en compte, pour affiner l'observation d'une procédure, ou pour mieux cerner une cause d'erreur.

Pour aider les élèves de manière adaptée… l'analyse des erreurs

Le statut de l'erreur

Après avoir longtemps été réprimandée, associée à une « **faute** », considérée comme un dysfonctionnement à caractère anormal, comme la preuve d'une non-maîtrise, l'erreur semble échapper, depuis quelques années, à ce rôle de miroir reflétant l'ignorance coupable et anxiogène du sujet apprenant.

Considérée peu à peu comme l'un des pivots de la démarche pédagogique, l'erreur révèle non pas l'inaptitude de l'élève, mais l'existence d'un **savoir incomplet, mal assimilé, ou mal consolidé**, et qu'il aura, avec l'aide de l'enseignant, à reconsidérer, à mettre à jour pour parvenir à une maîtrise sans cesse ajustée.

En effet, à travers son erreur, l'enfant nous sollicite, nous délivre un message : « C'est là que j'ai besoin d'aide, qu'un pied bloque la porte que je cherche à ouvrir. » Et même si ce message n'est pas toujours simple à décoder, même s'il n'est pas toujours facile de trouver à qui appartient ce pied, il convient de reconnaître l'erreur comme une **non-réussite signifiante**. Or pour que l'élève puisse être vigilant vis-à-vis de son activité pour envisager sans crainte d'autres réponses, émettre d'autres hypothèses, il doit se sentir en sécurité, à l'abri d'éventuelles réprimandes.

Pour cela, le caractère instructif de l'erreur, pour le maître comme pour l'enfant, doit être clairement explicité au sein de la classe.

La place de l'erreur dans la démarche pédagogique

On peut admettre qu'un enfant a progressé si, après s'être trompé, il peut, à un moment donné de son apprentissage, reconnaître qu'il s'est trompé, dire où et pourquoi il s'est trompé, et comment il recommencerait sans reproduire les mêmes erreurs. Il revient alors au maître de consacrer un **temps suffisant** à cette phase essentielle de repérage, de formulation et d'explication par l'élève de ses propres erreurs.

Ceci suppose, pour le maître, le rejet *a priori* du simple **constat** de l'erreur induisant des interprétations abusives au profit d'une **analyse** rigoureuse basée sur l'**observation** de l'élève en cours de production, et s'appuyant sur la **verbalisation** que ce dernier peut tenir au sujet de son travail. Si l'enseignant ne se limite qu'au **constat** du résultat final de l'élève, il aboutit à des conclusions hâtives du type : « il ne sait pas », qui s'avèrent abusives dans la mesure où, si effectivement un élève ne réussit pas totalement, il est souvent **en voie de réussir**. Un tel jugement réduit à néant les acquisitions dont l'élève pourrait déjà disposer.

C'est pourquoi un protocole d'observation précis doit définir les réponses et les comportements attendus, et permettre de recenser les phases défaillantes de la démarche utilisée par l'enfant.

À cet effet, nous avons conçu un outil, la fiche « relevé d'analyse des erreurs », p. 159, pour faciliter la collecte des erreurs des élèves.

Erreurs et difficultés

L'absence d'erreurs ne signifie pas toujours absence de difficultés. L'élève peut éprouver une gêne importante même s'il parvient au terme de son travail.

De plus, la source des **difficultés** n'est pas toujours d'ordre notionnel. Ainsi en est-il par exemple de la lenteur, de défaillances de la mémoire, de l'utilisation de procédures peu économiques, de mauvaises pratiques instrumentales, de réponses données au hasard, de l'absence de méthode de travail, d'un mauvais traitement de l'information, de l'adoption d'attitudes inadaptées, de phénomènes liés à des erreurs qui se compensent…

Erreurs et réponses pédagogiques

L'analyse des différentes erreurs des élèves montre que celles-ci relèvent essentiellement de quatre grands domaines :
- erreurs relatives à la situation,
- erreurs relatives à la consigne,
- erreurs relatives à l'opération intellectuelle,
- erreurs relatives à l'acquis antérieur.

Si, pour en faciliter la présentation, nous avons choisi de décrire, en regard des erreurs relevant de chaque domaine, les types de réponses pédagogiques possibles proposées par l'enseignant, il convient de rappeler que des erreurs de domaines différents peuvent se cumuler.

Enfin, il nous paraît fondamental d'insister sur l'**activité de métacognition** à laquelle l'élève doit être régulièrement entraîné pour lui permettre de prendre, vis-à-vis de ses erreurs, le recul nécessaire à leur traitement.

ERREURS RELATIVES À LA SITUATION et réponses pédagogiques

Toute situation pédagogique, qu'elle soit d'apprentissage ou d'évaluation, comporte de multiples paramètres. Certains peuvent générer des difficultés pour l'élève lorsqu'il fait intervenir un élément nouveau dans la situation. La difficulté provient alors:
– d'une rupture entre les habitudes de travail de l'élève et les nouvelles exigences du maître: la situation apparaît alors comme nouvelle pour l'élève,
– d'une inadéquation entre ces exigences, connues de l'élève, et ses propres stratégies d'apprentissage,
– et enfin d'un degré d'exigence supérieur à ce qui était préalablement demandé à l'élève.
C'est pourquoi nous traiterons les difficultés ou erreurs liées à la situation à partir de ces trois hypothèses.

1. La situation paraît nouvelle pour l'élève

– **la présentation** de l'exercice à réaliser est différente de celle utilisée préalablement.
Exemple:
– l'élève doit conjuguer des verbes donnés à l'infinitif, à la personne indiquée, non pas par le pronom personnel correspondant, ainsi qu'il y est habitué, mais par des indications (du type troisième personne du singulier). S'il n'a pas appris à le faire, il aura des difficultés à passer de «il (chanter)» à «troisième personne du singulier (chanter)»;
– à partir de l'écriture des mots, l'inventaire de «ce qui se voit et s'entend» et de «ce qui se voit et ne s'entend pas» est présenté sous forme de tableau à double entrée qu'il s'agit de compléter. Une mauvaise lecture de ce tableau peut conduire l'élève à des confusions de cases.
Il s'avère indispensable de varier la présentation d'un exercice afin d'entraîner l'élève à maîtriser chaque type de présentation, à passer d'une présentation à une autre, révélant ainsi par cette habileté mentale que l'apprentissage est consolidé. Cependant, gardons bien à l'esprit qu'une présentation nouvelle constitue parfois un élément parasite qui empêche l'élève d'aller à l'essentiel de ce qui lui est demandé.
– **le support** est en partie ou complètement nouveau.
Exemple: les dictionnaires utilisés en classe sont différents de ceux que les élèves possèdent chez eux, et certains n'en possèdent même pas. Ils ne peuvent donc qu'éprouver des difficultés lorsqu'ils auront à effectuer des recherches en classe.
– **le contexte culturel** n'est pas familier, ce qui rend peu aisée la représentation de la situation, l'évocation de ses éléments essentiels, la compréhension du vocabulaire utilisé.
Exemple: certains enfants sont gênés par des textes qui font référence à des situations totalement inconnues d'eux, mais ils sont également gênés lorsqu'il y a inadéquation entre leur expérience personnelle et la description d'une situation proche («Raconte ton meilleur souvenir de vacances» → «je ne pars jamais en vacances»).

Ce faux concret scolaire, parfois trop éloigné de leur quotidien (ou qui s'en approche trop), parasite la situation, empêchant ainsi l'élève d'avoir une relation simple aux situations proposées. Un choix plus important de situations plus variées, mais induisant toutes un récit, se révèle plus facilitant pour les élèves.
– **la tâche à effectuer**, que la consigne traduit, est différente de celle exigée habituellement.
Exemple: si les consignes habituelles indiquent qu'il faut donner un résultat précis, répondre par oui ou par non… l'élève peut être désarçonné lorsqu'il lui faudra opérer un choix entre plusieurs propositions, justifier par une explication écrite sa réponse, déduire une règle, puis continuer à l'appliquer, contredire un avis en argumentant le sien, autrement dit passer de consignes fermées à des consignes ouvertes l'engageant plus profondément.
Chaque type de consigne obéit à une logique propre et implique que l'élève fasse montre de compétences bien définies. Il revient donc au maître d'aider ses élèves à comprendre les différentes consignes, mais aussi à leur apprendre à les appliquer.
– **le langage employé** fait obstacle à la réalisation du travail, car il se réfère à des concepts insuffisamment maîtrisés par l'élève.
Exemple: épithète, attribut, déterminant; « indiquer tous les COD et les COS dans les propositions subordonnées conjonctives ».
Ces termes et sigles appartiennent à un registre de langue inhabituel pour lui. La reformulation de la consigne par l'élève permet de repérer sa difficulté exacte et oriente l'action du maître vers une réponse appropriée: un retour vers l'acquis antérieur, une nouvelle formulation de la consigne dans un langage précis, mais simple, une étude du vocabulaire utilisé.

2. La situation est déjà connue de l'élève…

… mais elle **privilégie** un type de **réflexion ou de raisonnement** que l'élève maîtrise mal compte tenu de son **profil cognitif**:
– l'exercice nécessite une réflexion essentiellement analytique,
– l'exercice nécessite une réflexion essentiellement synthétique,
– le raisonnement sollicité est principalement inductif,
– le raisonnement sollicité est principalement déductif.
Cette manière d'éclairer une difficulté probable de l'élève liée à ses propres stratégies d'apprentissage est largement développée dans le chapitre consacré à la **pédagogie différenciée**. Elle a pour but majeur d'inciter le maître à diversifier ses démarches d'enseignement et d'évaluation, à aider les élèves à diversifier leurs stratégies en leur donnant les moyens méthodologiques d'y parvenir.
– l'enfant s'est construit une **représentation** erronée de la tâche à effectuer.
Exemple: au moment de l'apprentissage de la lecture, il confond lire et réciter des textes connus. Il prend le rituel de lecture (suivre avec le doigt en prononçant n'importe quels mots) pour l'acte réel de lire. Ou encore, il considère que l'activité de lecture pratiquée à la maison n'a rien à voir avec celle de l'école.

3. La situation est connue de l'élève, mais elle impose des contraintes plus importantes

– l'enfant n'est pas habitué à travailler en **temps limité**: il ne sait pas gérer le temps imparti, il ne répond pas à toutes les questions, ne termine pas l'exercice, n'a pas le temps de vérifier ses réponses,

– il est habitué à travailler en temps limité, mais sur des séquences de travail très brèves : le **grand nombre d'exercices** à effectuer en temps limité érode son attention,
– il effectue des exercices qui se réfèrent à des apprentissages appartenant à des domaines différents dans un même champ disciplinaire : il a alors du mal à **mobiliser ses connaissances** et à passer aisément d'un exercice à un autre.

S'il s'avère légitime de demander à un élève de travailler en temps limité, rappelons que cela ne peut intervenir qu'au moment où l'on estime l'apprentissage installé, c'est-à-dire à un moment où cette contrainte sera moins coûteuse en énergie pour l'élève qui doit alors se préoccuper de la gestion du temps, de la planification des tâches à réaliser et de l'organisation matérielle du travail, ce qui constitue effectivement un objectif d'apprentissage tout à fait déterminant pour la réussite scolaire.

– **présentation** : l'enfant doit rédiger tout de suite ses réponses sans faire de brouillon : il ne peut donc essayer plusieurs solutions ; il doit choisir et appliquer directement les règles de présentation.

Cette pratique présente l'avantage de renseigner le maître sur la ou les procédure(s) adoptée(s) par l'élève dans le cas, par exemple, de la résolution d'un problème. Elle ne doit cependant pas faire oublier l'intérêt qu'il y a à le laisser tâtonner, oser des procédures autres avant de se déterminer pour une réponse définitive.

– l'exercice comporte un **degré de complexité supérieur** du fait de la longueur des phrases dans un texte, de la syntaxe à prendre en compte pour effectuer des accords orthographiques, de la fréquence d'emploi des mots à écrire.

La consolidation d'un apprentissage nécessite l'entraînement de l'élève au travers d'exercices nombreux, variés, et de complexité croissante ainsi que le précise la trame de variance qui complète les descriptifs. Si, dans cette situation, l'élève éprouve des difficultés, cela ne signifie pas que l'objectif d'apprentissage n'est pas acquis, **mais qu'il n'est pas totalement maîtrisé**.

– il doit réfléchir à partir d'une **situation représentée et non plus concrète**.

Exemple : il doit écrire une situation inventée, imaginée, sans rapport avec la réalité.

Sa difficulté peut provenir d'un besoin encore important de décrire des objets, des actions, des personnages, des événements vécus (ou au moins perçus), et n'a rien à voir avec sa capacité à produire un texte.

– il passe d'un apprentissage spécifique (exercice systématique d'orthographe par exemple) à une situation d'écriture : il sait pratiquer des accords mais doit résoudre toute une série de difficultés qui lui paraissent plus importantes et qui vont occulter ses compétences acquises par ailleurs, et l'empêcher de les mobiliser.

La situation de production d'écrits agit comme un excellent révélateur des difficultés de l'élève même si sa régulation nécessite, de la part du maître, une aide méthodologique soutenue.

Nous ne pouvons donc qu'encourager les enseignants à proposer très régulièrement à leurs élèves des problèmes à résoudre, à condition toutefois de ne pas se cantonner à des problèmes stéréotypés dont l'objectif serait le seul contrôle d'acquisitions « techniques ».

ERREURS RELATIVES À LA CONSIGNE et réponses pédagogiques

Qu'est-ce qu'une consigne ?

C'est une phrase courte, synthétique, rédigée par le maître de l'élève ou par un maître plus lointain : le concepteur du manuel ou du fichier. Dans le second cas, il s'adresse à un **élève virtuel** dont il s'est fait une représentation : elle correspond à l'image d'un élève moyen, sans traits de personnalité saillants, régulier dans son travail et capable de comprendre de toute évidence n'importe quelle consigne.

Le concepteur de l'exercice s'adresse directement à l'élève par l'intermédiaire de la consigne : il donne le plus souvent un ordre ou pose une question qui ont pour seul objectif de faire effectuer une **tâche précise** par l'élève, tout en orientant son travail.

Le fait qu'une consigne se présente comme une phrase courte, simple, qui s'adresse directement à l'élève en le tutoyant parfois, qui lui donne les indications minimales et utiles pour engager son travail, peut donner à penser que la compréhension en serait **immédiate** pour n'importe quel élève.

Or l'analyse des évaluations CE2 et 6e, l'étude de cahiers d'élèves prouvent de toute évidence que la lecture de la consigne, le comportement de l'élève face à cette consigne sont sources de très nombreuses erreurs ou difficultés.

Il arrive même que la consigne à elle seule soit la **cause majeure, voire unique**, de l'échec d'un élève à un exercice.

Cela tient d'une manière générale à trois raisons :

– la formulation de la consigne,
– la lecture-compréhension de la consigne,
– le comportement de l'élève face à la consigne.

Il va de soi qu'assez souvent ces causes se conjuguent, laissant l'enfant dans l'incapacité totale de faire la preuve de ses compétences réelles.

• ***formulation de la consigne***

– la consigne est **double** et n'a été appliquée qu'en partie,
– la consigne est ambiguë : elle est mal **formulée**, la phrase est incomplète,
– la consigne contient une **négation**,
– le **vocabulaire** fait obstacle à la compréhension : l'enfant ne connaît pas le sens d'un mot ou le comprend uniquement dans son sens littéral, mais non mathématique,
– la consigne est **complexe** en elle-même et empêche l'élève d'aller à l'essentiel de l'exercice.

• ***compréhension de la consigne***

– des problèmes de **lecture** font obstacle à la compréhension : l'enfant a besoin de subvocaliser alors qu'il lui est demandé de lire silencieusement ; il éprouve des difficultés pour déchiffrer un mot inhabituel ou compliqué ; il ne prend pas en compte la ponctuation, et procède à des glissements de sens,
– l'enfant sélectionne une partie de la consigne et **fait abstraction** de certains de ses éléments : il ne lit que le début ou la fin de la consigne, ne prend pas en compte un terme important,
– l'enfant **ajoute** des éléments qui modifient la consigne et la rendent plus contraignante,

– l'enfant a une représentation erronée de la consigne, une sorte de «**représentation écran**» qui en perturbe la compréhension objective,
– l'enfant procède à une «**lecture lapsus**»: il substitue un mot à un autre,
– l'enfant **recrée** sa propre consigne à partir d'un ou de deux mots de la consigne initiale.

• *comportement face à la consigne*
– l'enfant **n'a pas d'autonomie** face à une consigne qui nécessite de sa part autre chose qu'une simple exécution et fait plutôt appel à un raisonnement, à une recherche ou à la rédaction d'une réponse construite,
– l'enfant **n'anticipe pas** sur la tâche à effectuer: il ne se représente pas le type de réponse que l'on attend de lui,
– l'enfant **anticipe trop** sur le début d'une consigne et en oublie la fin: il fait preuve d'impulsivité dans la réalisation de la tâche demandée,
– l'enfant **oublie** la consigne au cours de la réalisation de la tâche: il cesse alors son travail ou le poursuit en s'appuyant sur une consigne approximative qui ne prend en compte que certains éléments de la consigne initiale,
– l'enfant **ne relit pas** la consigne au cours de la réalisation de la tâche et se contente d'une exécution partielle.

L'aide apportée par le maître

Le maître a des moyens d'intervenir en amont et en aval des problèmes suscités par la consigne à condition toutefois de s'assurer que les difficultés des élèves proviennent bien de là. Pour y parvenir, il peut traiter avec l'élève un ou deux exemples, observer sa démarche, analyser ses résultats, lui faire formuler ce qu'il a compris et comment il a procédé pour appliquer la consigne.

• *au plan de la compréhension de la consigne*
Le maître apprend aux élèves à:
– considérer la lecture de la consigne comme un important **temps de lecture** et adopter un vrai comportement de lecteur,
– s'interroger sur le **sens** du texte de la consigne, à comprendre le sens des termes difficiles, à doubler la lecture silencieuse d'un temps de **lecture orale**,
– identifier les **mots importants** d'une consigne, à en préciser le sens en les définissant ou en les opposant à d'autres mots,
– anticiper sur le texte de la consigne: faire trouver progressivement **la suite** de la consigne,
– **reformuler** une consigne pour vérifier qu'aucun élément n'ait été omis ou ajouté,
– distinguer les **informations incluses** dans la consigne,
– distinguer la **démarche** sur laquelle va s'étayer la réponse: un raisonnement, une comparaison, un choix, une recherche, une explication.

• *au plan de la formulation de la consigne*
– le maître **reformule** la consigne en choisissant un vocabulaire, une syntaxe plus simples,
– il la **présente** de manière qu'elle soit comprise des élèves «auditifs» et des «visuels» (exemple: oralisation d'une consigne écrite),
– il formule une consigne double sous la forme de deux **consignes successives**.

• ***au plan du comportement face à la consigne***

– le maître aide l'élève à agir de façon autonome face à une consigne : il lui apprend à lire et à appliquer une consigne ; il lui laisse le **temps de lire et de comprendre** une consigne,

– il lui donne l'habitude de **relire** une consigne avant l'exécution de l'exercice,

– il lui fait comprendre la nécessité de relire la consigne à la fin du travail et de **vérifier** qu'elle a bien été appliquée,

– il l'invite à se poser les **questions** suivantes : « que dit la consigne ? Comment se présente-t-elle ? De quelles informations ai-je besoin ? Quel est le type de réponse à apporter (remplir un tableau, répondre par une croix, un mot, une phrase à recopier dans un texte, à rédiger, répondre par un nombre, un calcul...) ? Comment dois-je procéder ? »

– il l'entraîne à se **représenter mentalement** le travail à réaliser,

– il lui donne le **temps d'exécuter** dans sa totalité une consigne, la variable temps d'exécution n'intervenant qu'au moment de la consolidation d'un apprentissage,

– il l'aide à distinguer les consignes qui impliquent une réponse rapide (stimulus → réponse) de celles qui font appel à un raisonnement et donc exigent plus de **temps de réflexion**,

– il peut enfin **préparer** l'élève à la lecture de consignes en l'entraînant à :

- reconnaître une phrase-consigne parmi un ensemble de phrases,
- identifier une « consigne-pirate » dans une série de consignes,
- produire oralement une consigne simple, puis double,
- produire par écrit une consigne simple, puis double,
- repérer la consigne qui correspond à un exercice,
- retrouver une consigne à partir d'un exercice déjà effectué et

en lui apprenant à appliquer progressivement :

– des consignes fréquemment rappelées en cours d'exercice, puis une consigne unique en début d'exercice,

– des consignes faisant référence à un vécu, à un apprentissage préalable, puis des consignes neutres,

– des consignes très explicites et fermées, puis des consignes floues et plus ouvertes réservant une marge de manœuvre plus grande à l'élève,

– des consignes spécifiques à une discipline puis des consignes interdisciplinaires.

ERREURS RELATIVES AUX OPÉRATIONS INTELLECTUELLES et réponses pédagogiques

Les causes de difficultés ou d'erreurs de la part des élèves sont, comme nous venons de le voir, multiples et variées. Elles relèvent pour la plupart d'entre elles de la consigne, de la situation ou du répertoire cognitif. Mais elles peuvent également provenir de l'opération intellectuelle de mise en œuvre, c'est-à-dire de **l'activité mentale déterminée qui marque la capacité d'un sujet à apporter une réponse adéquate à une situation donnée**.

Ces opérations intellectuelles présentent des caractéristiques propres qui seront décrites ci-après. Pour ce faire, et compte tenu de l'intérêt d'une telle approche, nous nous sommes très largement inspirés de la réflexion de Louis d'Hainaut[1].

L'auteur *Des fins aux objectifs de l'éducation* dresse une liste de huit opérations mentales qu'il classe selon un principe d'organisation hiérarchisée : une taxonomie.

Celle-ci met clairement en évidence deux niveaux d'opérations mentales qui permettent de passer d'activités sur le connu à des activités sur l'inconnu :

– le niveau des opérations «apprises» : **la répétition, la conceptualisation, l'application**,

– le niveau des opérations exigeant une initiative : **l'exploration, la mobilisation, la résolution de problèmes**.

Les activités de communication, **réception et émission**, couvrent largement ces deux niveaux.

1. Louis d'Hainaut, *Des fins aux objectifs de l'éducation*, Labor, 1980.

La présentation de ces opérations intellectuelles n'a d'autre but que de permettre à chaque enseignant de distinguer, en cas de difficulté de la part de l'élève, ce qui relève de la situation pédagogique particulière et ce qui, d'une certaine manière, la dépasse. Lorsque l'enfant ne parvient pas à «trier des textes selon leur forme extérieure», c'est soit parce qu'il ne connaît pas tous ces textes ou maîtrise mal les indices de reconnaissance, soit qu'il ne sait pas **trier** un ensemble d'éléments, dégager des critères, identifier des classes pour effectuer correctement les opérations de tri.

Si la difficulté de l'élève relève plutôt de l'opération cognitive «trier», le maître pourra alors, dans le cadre de la remédiation, rechercher les différents moyens de l'aider à acquérir spécifiquement cette opération ou à la maîtriser. Si la difficulté provient de l'acquis antérieur, sa démarche sera tout autre.

La répétition

Elle consiste pour l'élève **à restituer dans des conditions identiques à celles de l'apprentissage initial des connaissances ou des pratiques** résultant de leurs expériences propres ou de l'enseignement.

Elle fait essentiellement appel à la mémoire auditive, visuelle ou kinesthésique dans la mesure où elle se présente comme une activité de **reproduction**.

Exemples : – **énoncer** la structure d'un conte,
– **définir** le sens du mot «complément»,
– **réciter** une règle.

L'élève qui ne sait pas « **indiquer, copier, reproduire, réciter** » n'a pas appris, ou ne s'est pas suffisamment entraîné à mettre en mémoire, à stocker de l'information, à organiser ses connaissances de manière à les rendre disponibles rapidement.
A. de La Garanderie, dans le cadre de ses travaux sur la « **pédagogie des moyens d'apprendre** », précise les deux conditions indispensables à une mémorisation efficace. Pour retenir, il faut :
– **se projeter** dans la situation où l'on aura besoin d'utiliser telle ou telle information ou connaissance…
– se constituer une **image mentale**, visuelle ou auditive de la connaissance à acquérir.
Il est également indispensable que l'élève réalise à quel point un bon stockage des informations est efficace et à quoi ces mêmes informations lui serviront dans un avenir proche.

La conceptualisation

C'est une **activité généralisante**, car elle permet **de passer de l'appréhension d'objets ou d'événements particuliers à leur représentation générale et abstraite**, de les classer et d'utiliser les notions ainsi acquises pour de nouvelles confrontations avec le réel.
Elle consiste à identifier des objets (concrets, abstraits) comme appartenant à une classe, à une structure plus générale. Cela revient, pour l'élève, à **trier, relier, réunir, analyser, classer**.
Il s'agit là de connaissances acquises le plus souvent par **manipulations** de moins en moins concrètes.
Exemples :
– **sélectionner**, dans une collection de textes, les lettres,
– **classer** les groupes nominaux d'un texte selon leur fonction,
– **réunir** par familles les mots d'une liste.

L'élève qui ne sait pas conceptualiser, au-delà même des problèmes psychologiques qui peuvent exister, a insuffisamment été confronté à des situations de tri et de classement avec nécessité de communiquer les critères de classement à autrui, ce qui permet de vérifier que ce classement n'est pas fortuit.
La **remédiation** peut donc consister à multiplier, dans le domaine sur lequel porte l'évaluation, et sur d'autres domaines aussi, *les activités simples de tri et de classement*, et d'inviter l'élève à présenter de manière explicite le résultat de son travail.

L'application

C'est également une activité généralisante, car elle consiste à faire usage des principes, **des règles, des connaissances acquises dans un domaine particulier et de les mettre en pratique dans un autre domaine**.
C'est une opération complexe qui suppose acquis par l'élève règles, principes, connaissances à appliquer ; qui nécessite une capacité à **décontextualiser**, autrement dit à se dégager de la situation initiale dans laquelle s'est installé l'apprentissage, et enfin à **repérer les domaines d'application** dans lesquels il est possible de transférer ces acquis.
Exemples :
– **appliquer** un plan de rédaction d'un texte,
– **évaluer** la validité d'un texte prescriptif rédigé par un élève.
Les difficultés de l'élève peuvent provenir d'acquis initiaux insuffisamment consolidés et donc peu décontextualisables ou d'une certaine rigidité à transférer d'un domaine à un autre.
La remédiation consistera alors à **multiplier dans d'autres domaines** les activités de comparaison, de traduction, de ran-

gement, d'évaluation..., de **stabiliser les acquis** initiaux à l'aide d'exercices d'entraînement progressivement décontextualisés et d'**inciter l'élève au transfert** de ces acquis en partie grâce à un travail de plus en plus transversal.

L'exploration

Cette activité de **recherche** consiste à **extraire d'un ensemble donné et caractérisé un élément particulier** : un objet, une information...

Cet ensemble peut être connu ou appartenir au domaine du possible.

L'élève est alors conduit à **prélever, inventorier**, mais aussi à **compléter, découvrir**...

Exemples :

– **découvrir** des erreurs dans un tri de textes,

– **indiquer**, dans un ensemble de textes, les récits,

– **retrouver** les propositions dans une phrase complexe.

Cela suppose qu'il **connaisse bien l'ensemble donné**, qu'il ait une idée précise de l'**élément à trouver**, qu'il fasse preuve de qualités d'**analyse du réel** et d'une **imagination orientée** vers un objectif précis.

Ses difficultés dans ce domaine ont sans doute leur origine dans une incapacité partielle à discriminer un élément dans un ensemble, autrement dit à se détacher d'une perception globale et à procéder à une analyse. Son imagination est relativement peu sollicitée.

Mais elles peuvent également trouver leur origine dans un comportement impulsif qui gêne le bon développement d'une attitude de réflexion dans une situation d'exploration.

La remédiation consistera à **développer la conceptualisation, à multiplier les situations ludiques** (jeu du portrait), incitant à caractériser un élément, puis à l'isoler, **à développer l'imagination** dans le cadre d'un travail interdisciplinaire.

Il faudra combattre l'impulsivité de l'élève en **exigeant en permanence** qu'il se concentre sur la tâche, relise plusieurs fois la consigne, réfléchisse avant de répondre, vérifie systématiquement son travail.

La mobilisation

C'est également une activité de **recherche** qui consiste à se **référer à l'ensemble de nos acquis, à en extraire quelques éléments particuliers répondant à des conditions très précises et nouvelles au regard de la situation initiale d'apprentissage**.

Cela suppose que les connaissances antérieures soient bien consolidées, stockées donc aisément mobilisables, que l'on en ait une idée précise, globale et analytique. Mais cela nécessite également que l'on sache caractériser un objet, une information quelconque.

Exemples :

– **trouver** différents agencements d'une même phrase à l'intérieur d'un texte,

– **transformer** à la forme négative des phrases affirmatives.

Les difficultés de l'élève peuvent provenir d'acquis initiaux insuffisamment maîtrisés, peu mobilisables, et d'une incapacité temporaire à explorer le réel.

La **remédiation** consistera alors à **consolider les connaissances de base** grâce à des exercices d'entraînement, à développer les activités de **conceptualisation** et d'**exploration**.

La résolution de problèmes

Ce qui caractérise la résolution de problèmes est donc la nouveauté pour le sujet, soit de **la situation**, soit **du processus à appliquer**, soit **du produit à obtenir**, soit **d'une conjugaison de ces différents paramètres**. Elle traduit la capacité de l'élève à transférer les connaissances d'une situation d'apprentissage connue à une situation partiellement ou entièrement nouvelle.

Ce transfert porte aussi bien sur les connaissances conceptuelles que sur les savoir-faire et les savoirs méthodologiques.

Cette compétence transversale se retrouve aussi bien dans l'acte même de lecture ou d'écriture, considérés comme des situations-problèmes au cours desquelles l'élève doit, pour comprendre (ou communiquer) un message, tenir compte de toute une série de paramètres étudiés par ailleurs en de diverses occasions (le plan, la syntaxe, le vocabulaire, la ponctuation, la chronologie, le registre de langue, etc.), et qui vont influer conjointement sur le sens du message.

Enfin, à la plupart des actes intellectuels, est associée une activité de **communication** qui comporte deux pôles: la réception et l'émission.

La **réception** n'est pas une activité observable. On ne peut donc pas la contrôler sinon en faisant répéter la consigne par l'élève, en le conduisant à s'exprimer sur sa représentation de la tâche à effectuer ou sur les stratégies envisagées.

L'**émission, ou expression**, est une activité observable qui ne se manifeste pas seule.

Exemples:

– **expliciter** sa démarche d'écriture par l'élaboration d'une fiche-guide,

– **décrire** par l'emploi d'un vocabulaire approprié le déroulement d'une expérience pour la reproduire,

– **écrire**, pour l'appliquer, une règle de jeu.

Il est évident que toute activité de communication rend indispensable une maîtrise correcte de la langue qui fait à elle seule l'objet d'une compétence totalement transversale. Nous n'approfondirons donc pas ce point, mais nous insistons sur la nécessité d'aider et d'inviter régulièrement les élèves à rendre explicites, **par le moyen de codes différents, leur démarche et leur lecture du réel**.

La taxonomie, que nous avons décrite de manière succincte, présente, comme toute taxonomie d'ailleurs, des **intérêts multiples** pour tout pédagogue soucieux d'analyser ses pratiques, de les évaluer et de les faire évoluer en se centrant chaque jour davantage sur l'enfant. Elle permet par le classement d'un objectif dans l'une de ces catégories de:

– **repérer l'opération mentale** en œuvre et, s'il s'avère que la difficulté provient de cette opération mentale, de rechercher des réponses pédagogiques,

– **situer le degré de complexité** de cet objectif, le type d'activités qui sera privilégié en classe par le maître, le comportement attendu de la part des élèves,

– **repérer la ou les opération(s) intellectuelle(s)** que l'on privilégie dans sa classe et, de ce fait, s'orienter vers un enrichissement volontariste et plus ouvert des activités mentales des élèves,

– prendre enfin conscience qu'à l'intérieur d'un même champ disciplinaire ou entre disciplines apparemment éloignées les opérations en œuvre sont parfois les mêmes bien que revêtant des formes diverses.

Exemples :
– **choisir** le plan le plus adapté au type de texte à produire,
– **choisir** l'action la mieux adaptée (EPS),
– **choisir** une technique ou un procédé en fonction du projet visé (arts plastiques),
– **choisir** la technique de reproduction d'un solide, la plus adéquate au modèle proposé (géométrie),
– **choisir** la méthode la plus économique pour calculer l'aire d'une surface quelconque (mesures),
– **choisir** la forme la plus appropriée (oral, écrit, tableaux, schémas) pour faire un compte rendu d'observation.

L'ensemble de ces objectifs, dont on pourrait trouver une traduction dans les différents champs disciplinaires, font référence à la même opération intellectuelle : **l'application**.

La mise en œuvre d'une réelle **transversalité** évite le cloisonnement rigide des connaissances et aide à opérer des **transferts verticaux et horizontaux**[1]. Une telle transversalité, possible à l'école maternelle et élémentaire du fait de la coordination par le maître de tous les apprentissages, facilite le transfert des acquis de l'élève à des situations nouvelles, et rend aisée la structuration de sa pensée et de ses apprentissages. Redondante par nature, elle permet à l'élève d'entretenir l'acquis par son application répétée et de le rendre capable de s'adapter et d'agir dans des situations multiples et variées.

---

1. – transfert horizontal : application d'un savoir à des situations différentes de celles de l'apprentissage, et en particulier à des domaines ou disciplines différentes ;
– transfert vertical : intégration d'un savoir dans une structure plus complexe aboutissant à l'acquisition d'un savoir-faire plus affiné.

ERREURS RELATIVES À L'ACQUIS ANTÉRIEUR et réponses pédagogiques

L'élève n'a pas atteint l'objectif visé par la situation d'évaluation parce qu'une partie (ou la totalité) des objectifs intermédiaires ne semble pas maîtrisée. Son **acquis antérieur** lui fait défaut puisqu'il le rend incapable d'apporter, dans une situation précise, la réponse souhaitée.

Le maître peut, à l'issue d'un tel constat, diagnostiquer une non-maîtrise de l'objectif et envisager des actions de remédiation dont l'essentiel consistera à **réitérer** la situation d'apprentissage ou la situation d'évaluation elle-même. C'est cette pratique, traditionnellement qualifiée de **soutien**, qu'il va mettre en œuvre auprès des élèves qui en ont ainsi exprimé le besoin.

Cependant, ce premier constat mérite d'être quelque peu nuancé. L'élève peut en effet éprouver des difficultés inhérentes à l'acquis antérieur, mais celles-ci peuvent s'expliquer de façons très diverses :

1) l'enfant n'a peut-être pas acquis du tout le savoir conceptuel ou/et méthodologique,

2) l'enfant a acquis ce savoir, mais de manière incorrecte ou partielle,

3) l'enfant a acquis ce savoir, mais celui-ci est insuffisamment consolidé.

Les descriptifs d'objectifs doivent donc être utilisés en fonction des degrés d'approche des savoirs en question.

Cependant, là encore, la démarche d'investigation pourrait s'avérer réductrice si elle ne consistait qu'à orienter l'analyse sur un domaine précis : celui sur lequel a porté l'évaluation. L'analyse des erreurs aux épreuves d'évaluation CE2 et 6e révèle très nettement que les lacunes des élèves peuvent provenir, certes, du domaine strictement évalué, mais aussi d'un **domaine différent** relevant de la même discipline ou d'un domaine appartenant à un **champ disciplinaire tout autre**.

Exemples :

– l'enfant ne peut produire un **compte rendu** de visite qu'il traite à la manière d'un **récit** s'il n'a pas intégré les **conventions** d'écriture de ce type de texte : on veut évaluer les compétences de l'élève dans le domaine de la production d'écrits alors que, très certainement, les difficultés proviennent d'une connaissance imparfaite des caractéristiques de ce type de texte en **situation de réception** ;

– il ne peut recenser, dans un **tableau à double entrée**, « ce qui se voit et se prononce » et « ce qui se voit mais ne se prononce pas » dans une phrase s'il ne maîtrise pas l'utilisation de ce mode de représentation.

Ces exemples doivent inciter à se montrer très prudent dans l'interprétation des sources d'erreurs et des réponses pédagogiques à apporter pour y remédier.

L'enfant n'a pas acquis du tout le savoir conceptuel ou/et méthodologique

– ce savoir **n'a pas fait l'objet d'un apprentissage** dans la classe précédente et ce pour des raisons diverses : l'élève était absent, le programme était jugé trop « lourd », un aspect de l'apprentis-

sage a été négligé par le maître qui le considérait comme peu important ou déjà acquis par l'élève.
Il est donc utile de **s'interroger sur l'acquis antérieur de chaque élève**, faute de quoi nous pourrions être conduits à mesurer ce qui n'a jamais été enseigné.
– le savoir a été étudié, mais l'enfant, lui, n'avait pas la **maturité intellectuelle ou psychologique** nécessaire à son acquisition. Il s'agit là de la notion d'**obstacle psychogénétique**.
Exemples :
– il ne peut procéder à une analyse grammaticale s'il n'a pas acquis les concepts de nature et de fonction ;
– il ne peut repérer des erreurs d'accords orthographiques s'il reste influencé par un trait de surface (perception visuelle immédiate) et ne s'attache qu'à l'existence de ce qu'il considère, sans distinction, comme une marque du pluriel (« les » devant un verbe l'induit à attribuer à celui-ci « ent » en guise de terminaison ; *ex.* : « Il les voient ») ;
– il ne pourra écrire un récit de fiction s'il ne parvient pas à se représenter les lieux, les personnages, les événements, tous imaginaires, et comprendra encore moins comment éviter de traiter le récit de fiction comme un simple conte, dont il se différencie pourtant.
Cet enfant a du mal à conceptualiser, à se détacher de ses perceptions premières, à dépasser les expériences concrètes et accéder ainsi au stade des représentations. La tâche du maître consistera à **repérer** d'abord cette difficulté, puis à choisir ensuite parmi les deux propositions suivantes :
- **différer** l'apprentissage, mais revenir sur les prérequis,
- **reprendre** l'apprentissage à son point de départ en modifiant les situations, en introduisant des supports très concrets, en multipliant les manipulations.

L'enfant a acquis ce savoir, mais de manière incorrecte ou partielle

– l'enfant a acquis en début ou en cours d'apprentissage des **représentations fausses** sur lesquelles s'est étayé progressivement l'apprentissage lui-même.
Exemples :
– l'élève connaît la signification des termes de « nature » et « fonction », mais il ne sait pas que des mots de même nature peuvent avoir des fonctions différentes ou que des mots de même fonction peuvent être de natures différentes : il a donc une représentation limitée des concepts de base « nature » et « fonction » ;
– il comprend le sens et la nécessité de marquer le pluriel à l'écrit mais ajoute systématiquement un « s » à tout mot concerné (nom, verbe, adjectif, etc.). Ce faisant, il continue d'appliquer une **procédure** qu'il a apprise et qui s'est révélée efficace pour la formation du pluriel des noms ou des adjectifs, dans le cas général, mais qui ne se révèle plus aussi systématiquement pertinente. Il a donc une représentation partielle de l'accord du pluriel.
Des représentations non pertinentes peuvent faire obstacle à un apprentissage ou l'empêcher de s'installer durablement. Il est donc indispensable d'aider l'élève à faire émerger ses représentations existantes pour qu'il puisse les reconnaître, les rejeter comme inefficaces et lui donner ainsi tous les moyens de les corriger. **Le dialogue avec l'élève** est, à cet égard, tout à fait per-

tinent puisqu'il permet de déceler tant pour l'élève que pour le maître ce que Bachelard appelle l'« **obstacle épistémologique** ». La remédiation peut s'avérer longue à mettre en œuvre si, comme dans le cas de la soustraction, la procédure s'est révélée efficace dans la phase initiale de l'apprentissage.

– la connaissance est **partielle** : l'enfant possède des éléments de ce savoir, mais persistent encore des confusions dues à un apprentissage initial imprécis.

Exemples :

– l'enfant peut identifier le sujet du verbe dans une phrase, mais il considère le sujet inversé comme un complément d'objet. (« Dehors tombe la neige » → « Dehors tombe quoi? La neige » → COD);

– il sait reconnaître les compléments circonstanciels mais confond complément de lieu et complément de moyen (« Je bois dans un verre » → « Je bois dans quoi? Un verre » → CC de lieu).

Dans un cas comme dans l'autre, la correction portera sur la nécessité de pratiquer autrement que de manière automatique pour reconnaître et utiliser la notion de base.

L'enfant a acquis ce savoir, mais celui-ci est insuffisamment consolidé

Seule la phase d'apprentissage (découverte d'une notion, exercices d'application) a été privilégiée au détriment de la phase d'entraînement, de consolidation et de transfert de cet apprentissage. De ce fait, l'enfant ne parvient pas à utiliser ce qu'il a acquis dans une situation différente de celle dans laquelle s'est effectué l'apprentissage : c'est ce que révèle une situation d'évaluation **décontextualisée**, c'est-à-dire détachée des conditions de son acquisition. Celle-ci existe, mais elle n'est pas stabilisée.

Exemples :

– l'élève n'applique pas, lors de la production d'un texte, les règles et notions acquises par ailleurs,

– il utilise mal un dictionnaire dont la présentation diffère de celle à laquelle il était habituellement confronté.

Dans ce cas très précis, il ne s'agira pas de remédiation, mais de consolidation de l'apprentissage au travers d'exercices nombreux et de complexité croissante.

La trame de variance qui complète les descriptifs permet de repérer ou de faire évoluer les situations propres à aider les élèves à s'exercer à leur rythme.

Les descriptifs vont ainsi aider le maître à **situer l'élève dans l'apprentissage, repérer ses lacunes, mesurer son niveau d'appréhension du réel, comprendre ses représentations, analyser ses erreurs et apprécier les réponses pédagogiques** qui permettront de **rectifier, remédier**, voire tout simplement **consolider** cet apprentissage.

Il conviendra donc d'être très prudent dans la manière d'analyser les difficultés rencontrées par l'élève. La prudence est également indispensable, car chacun sait que l'apparition observable d'un comportement ne coïncide pas avec le début de l'apprentissage. C'est pourquoi nous recommandons de ménager plusieurs étapes d'évaluation : initiale, intermédiaire, finale, en les espaçant suffisamment dans le temps.

UN OUTIL D'INFORMATION ET DE DÉCISION : LE LIVRET DE L'ÉLÈVE

Rendu obligatoire par le décret n° 90-788 du 6-09-90 (art. 5) relatif à l'organisation et au fonctionnement des écoles maternelles et élémentaires, le livret de l'élève peut se présenter sous des formes différentes. Quels que soient le choix effectué par les maîtres et le modèle retenu, ce livret, qui reste attaché à l'élève durant toute sa scolarité, doit comporter :
– les résultats des évaluations périodiques établies par les enseignants du cycle,
– des indications précises sur les acquis de l'élève,
– les décisions de passage de classe et de cycle, la proposition de réduction ou de prolongation d'une année dans ce cycle et, le cas échéant, la décision prise après recours éventuel de la famille.

C'est dire que ce livret de suivi remplit trois fonctions :
– une fonction de **suivi au sein des apprentissages**,
– une fonction de **suivi au sein du cursus**,
– une fonction d'**information**,
qui impliquent **une stratégie méthodologique** à respecter par l'ensemble des enseignants de l'école, pour s'acquitter d'une mission qui relève impérativement d'un **travail d'équipe**.

Le suivi au sein des apprentissages

En effet, quelles que soient les modalités de fonctionnement retenues par l'équipe des enseignants quant à la mise en place des cycles, chaque enseignant doit, période après période, se prononcer sur les progrès effectués par l'enfant au sein des apprentissages considérés, et sur le degré de maîtrise qu'il a atteint. Pour échapper à toute subjectivité, le **champ référentiel** des enseignants doit être parfaitement circonscrit et connu de chacun.

Le suivi au sein du cursus

Les renseignements pédagogiques rassemblés dans ce livret aideront les enseignants à prendre les décisions nécessaires relatives au cursus de l'élève.Il est clair que seules des **considérations objectives pédagogiques**, à l'exclusion de tout jugement de valeur ou de pronostic abusif, doivent trouver leur place dans ce livret pour justifier la décision du conseil de cycle.

L'information

Quelle que soit la situation de l'enfant changeant d'école, de classe ou de cycle, le livret scolaire est un moyen privilégié d'information de :
– **l'élève**, qui se verra ainsi constamment tenu au courant de son travail, des progrès qu'il a accomplis comme de ceux qu'il lui reste à accomplir.
– **l'enseignant**, qui disposera ainsi de renseignements précieux, susceptibles de diminuer considérablement la période d'adaptation à l'élève dont il connaîtra rapidement le cursus.
– **la famille**, à qui il sera régulièrement communiqué. Elle disposera alors d'un réel outil de liaison avec l'école. Là encore, l'objectivité des renseignements fournis permettra des échanges précis et fondés, plaçant ainsi l'enfant à l'abri des désirs plus ou moins subjectifs des uns ou des autres, en matière de cursus.

Sixième partie

Le fonctionnement en cycles

- L'École organisée en cycles
- De la classe… aux cycles
- La spécificité de la Grande Section
- Le conseil des maîtres du cycle
- Réduction ou prolongation de la scolarité dans le cycle
- Des outils pour la mise en place des cycles
  1. Tableau d'évaluation des compétences des élèves d'une classe
  2. Grille d'évaluation des objectifs intermédiaires
  3. Suivi de l'élève
  4. Relevé et analyse des erreurs
  5. Paramètres du fonctionnement par cycle
  6. Exemples de fonctionnement par cycle
  7. Fiche-guide d'analyse du fonctionnement par cycle

L'ÉCOLE ORGANISÉE EN CYCLES

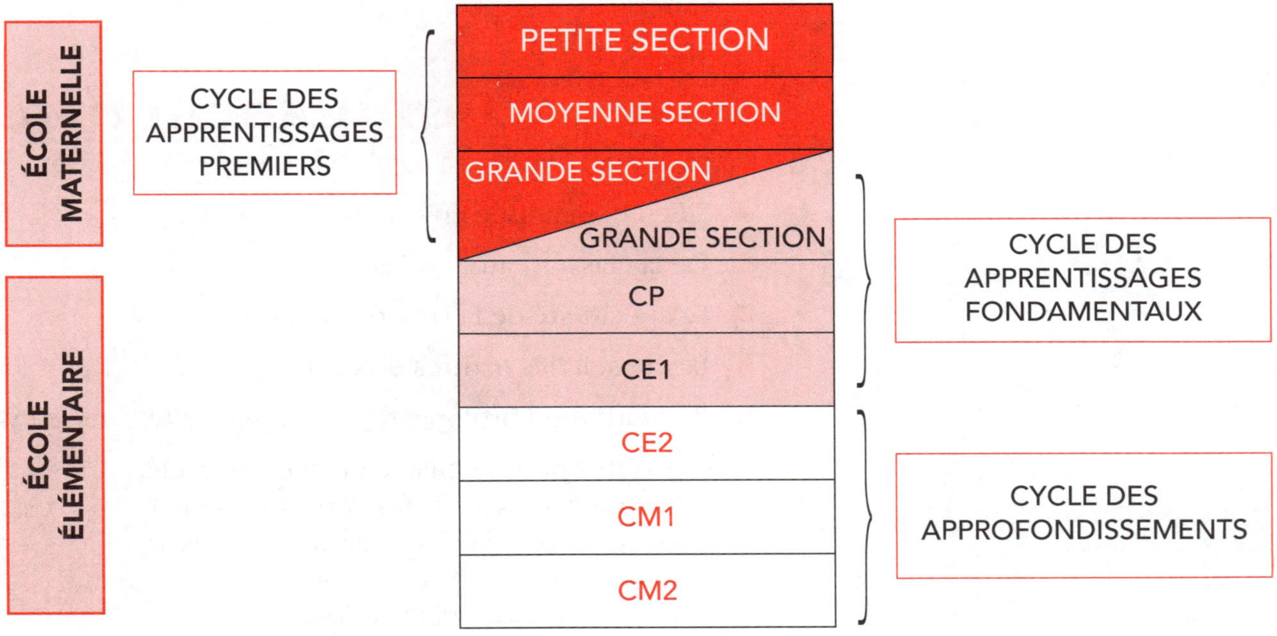

DE LA CLASSE... AUX CYCLES

Regroupement des élèves selon leur âge	**Regroupement** des élèves selon leurs **besoins** ou leurs **compétences** dans un domaine précis
Un maître pour une classe dont l'effectif est fixe pour une année	**Un maître** pour un groupe d'élèves de même âge, dans une classe gérée comme une classe à **plusieurs niveaux** **Un maître** pour un même groupe d'élèves pendant un cycle **Un maître** pour une classe à plusieurs cours (GS, CP, CE1 par exemple) **Échanges de service** d'enseignement et **décloisonnement** (maximum 3 h au cycle 2 et 6 h au cycle 3)
Un programme identique pour tous auquel chaque élève doit s'adapter et qu'il doit maîtriser au bout d'un an **Un emploi du temps** fixe	**Des compétences** à acquérir, relatives au **même programme**, mais **adaptation réciproque ÉLÈVES ↔ CONTENUS** **Souplesse des masses horaires** modulables en fonction des besoins des élèves et de leur progression dans le cycle, entre les blocs de disciplines, et au sein de la même discipline
Une démarche centrée uniquement sur les contenus **Une démarche** privilégiant la **situation d'exercice** et justifiant *a posteriori* les objectifs atteints **Un même travail** soumis à tous les élèves **Un matériel et une méthode** pédagogique identiques imposés à tous les élèves	**Une démarche** centrée sur **l'enfant placé au centre des apprentissages** et des objectifs déterminés *a priori* en fonction des résultats des évaluations pratiquées **Des situations d'apprentissage** différentes en fonction des besoins recensés **Un matériel diversifié et des méthodes différentes** en fonction des profils pédagogiques des enfants et de leurs stratégies d'apprentissage
Constat des erreurs à sanctionner, puis correction souvent collective (même pour ceux qui ont réussi) et immédiate **Évaluation** ponctuelle privilégiant la **notation**	**Analyse des erreurs et des difficultés** des élèves observés en cours de production, donnant lieu à des **réponses pédagogiques** spécifiques (remédiation, réapprentissage, consolidation…) **Évaluations** régulières, diversifiées (diagnostique, sommative, formative)
Suivi des élèves par le maître de la classe **Redoublement** ou **saut de classe** décidé par le maître de la classe **L'élève « refait » une année** sans prise en compte de son acquis antérieur	**Suivi des élèves** par les maîtres du même cycle **Prolongation** ou **réduction** de la scolarité décidée en **conseil de cycle** **L'enfant poursuit ses apprentissages** (actions de renforcement, de complément)
Communication des résultats à la famille par l'entremise du cahier ou d'un **livret scolaire annuel** comportant des observations souvent très générales ou ponctuelles	**Communication d'informations objectives** et **détaillées** en relation avec un **référentiel clair** : – aux enfants – aux parents – aux enseignants de l'année suivante par l'entremise d'un **livret scolaire qui suit l'élève tout au long de sa scolarité**

LA SPÉCIFICITÉ DE LA GRANDE SECTION

La Grande Section reste **attachée administrativement et structurellement à l'école maternelle**, mais elle fait partie des deux premiers cycles : le cycle des apprentissages premiers et le cycle des apprentissages fondamentaux entre lesquels elle exerce une sorte de « tuilage ».

En effet, elle prolonge, consolide, structure les apprentissages engagés au cycle 1 et amorce les apprentissages du cycle 2.

C'est là tout ce qui fait l'**originalité** de la Grande Section, point de **jonction** entre deux cycles, étape dont l'enfant ne peut faire « l'économie ».

Ainsi s'explique la disparition de la traditionnelle procédure de passage anticipé au Cours Préparatoire qui n'aura plus lieu d'être.

Sa position très particulière conduit l'enseignant de Grande Section à :

– participer aux conseils des **deux cycles** et à y tenir des rôles différents : les informations qu'il recevra en amont et en aval de la part de ses collègues feront de lui un interlocuteur privilégié, un maillon essentiel de la continuité et de la régulation pédagogique entre les deux cycles concernés.

Ces informations lui permettront d'ajuster sa pédagogie aux attentes de ses collègues et aux besoins des élèves qui lui sont confiés, mais également d'indiquer ses propres attentes vis-à-vis de ces mêmes collègues.

– aborder, « dès que les enfants le peuvent, les apprentissages fondamentaux et instrumentaux caractéristiques du cycle 2 » : cela occasionne un bouleversement total des mentalités et des pratiques. En effet, si de nombreux enseignants reconnaissent qu'assez tôt dans l'année de Grande Section des enfants sont prêts à aborder ces apprentissages, ils n'en tiennent pas compte pour diverses raisons dues en particulier à des problèmes d'effectifs, d'organisation de travail, de gestion du groupe-classe, de formation pédagogique face aux apprentissages structurés, voire d'opposition de la part de leurs collègues de Cours Préparatoire.

Ces problèmes sont réels, et les questions par ailleurs tout à fait légitimes que se posent les enseignants génèrent une inquiétude quant à l'avenir de l'école maternelle à laquelle ils sont souvent « passionnellement » attachés.

Notre propos n'est pas d'en discuter, mais plutôt de donner, dans le cadre de cet ouvrage, quelques outils qui faciliteront le travail de conception, de gestion et d'organisation des enseignants.

LE CONSEIL DES MAÎTRES DU CYCLE

Qui en fait partie?

À ne pas confondre avec le conseil des maîtres de l'école qui se réunit au moins une fois par trimestre, en dehors des heures scolaires, les conseils de cycle ont lieu pendant le temps de concertation (utilisation de la 27e heure), selon une périodicité décidée en début d'année par l'équipe des enseignants de l'école.

Il réunit essentiellement les enseignants exerçant au sein de chaque cycle ainsi que le directeur de l'école. Selon le cycle et les points étudiés, il sera nécessaire d'inviter la directrice de l'école maternelle et les membres du réseau d'aides spécialisées.

Quels pouvoirs a-t-il ?

Le conseil de cycle est doté de pouvoirs importants :

– il intervient dans plusieurs domaines de la vie et de l'organisation pédagogiques du cycle : définition d'outils de suivi, de progressions pédagogiques, organisation des groupes d'élèves…

– il a une réelle autonomie dans le choix des sujets de réflexion qu'il aborde et dans les actions qu'il engage ;

– il associe tous les maîtres concernés à la prise de décision relative au passage de classe et de cycle et propose une éventuelle réduction ou prolongation de la présence d'un élève dans un cycle, dans le respect des procédures définies par le décret.

« C'est un instrument fondamental qui organise la cohérence de l'équipe pédagogique, la cohérence de la politique mise en place tout en préservant, à l'intérieur du cadre ainsi défini, une large autonomie pour le maître. [1] »

Comment, concrètement, le conseil de cycle exerce-t-il sa mission ?

Nous pouvons distinguer deux niveaux de collaboration entre les maîtres : celui de la réflexion et celui de l'action.

La mise en œuvre des cycles passe nécessairement par une phase de réflexion sans laquelle les actions engagées souvent sous le coup de l'impulsivité ne s'inscriront pas dans la durée. Des projets de fonctionnement par cycle, par ailleurs fort intéressants, se sont interrompus faute d'une réflexion préalable suffisante pour assurer la cohésion du groupe et consolider l'engagement personnel de chacun de ses membres.

Nous vous proposons quelques thèmes de réflexion parmi lesquels chaque conseil de cycle choisira en fonction du projet de l'école des habitudes de travail et des intérêts des enseignants.

Rappelons qu'en dehors des passages de classe et des propositions de prolongation ou de réduction de la scolarité, les actions engagées par le conseil de cycle relèvent de son entière autonomie, mais doivent respecter les priorités définies par le projet d'école.

1. Ministère de l'Éducation nationale, de la Jeunesse et des Sports – Direction des écoles, *Les Cycles à l'école primaire*, CNDP-Hachette Écoles, 1991.

Les maîtres du conseil de cycle analysent :
– les documents conçus par le ministère (compétences de fin de cycle, aides à l'évaluation, évaluation CE2 et 6e, maîtrise de la langue française…)
– les pratiques, les démarches des maîtres du cycle
– les besoins en formation des maîtres
– les caractéristiques essentielles des méthodes d'enseignement
– les méthodes qui conviendraient plutôt à tel enfant
– les différentes formes d'organisation du travail à l'intérieur d'un cycle (groupes de compétences, de besoin, d'intérêt…)
– les niveaux de compétences des élèves
– leurs difficultés, leurs erreurs dans un domaine jugé prioritaire
– les résultats des élèves aux épreuves d'évaluation

… **échangent**…
– des documents d'évaluation, de suivi
– des documents pédagogiques (fiches de préparation, idées d'exercices pour telle notion étudiée…)
– des travaux d'élèves (corpus de mots, de textes, productions de textes…)

… **font le point sur**…
– les compétences particulières de chaque maître du cycle dans la perspective d'échanges de service
– les priorités du cycle, en liaison avec le projet d'école

… **recherchent**…
– les structures de groupes les mieux adaptées aux rythmes d'acquisition des enfants
– les actions qui permettront d'aider les enfants en difficulté passagère ou non.

Au plan de l'action, les maîtres du conseil de cycle…

… **choisissent**…
– les outils d'évaluation et les mettent en œuvre

… **élaborent**…
– des progressions à partir du recueil des compétences de fin de cycle en privilégiant une entrée disciplinaire ou une action jugée prioritaire

… **harmonisent**…
– les pratiques pédagogiques : méthodes, vocabulaire utilisé (ex. : en grammaire)

… **organisent**…
– les progressions à l'intérieur du cycle, les rythmes d'acquisition

… **décident**…
– du rythme des rencontres entre les maîtres, des points à aborder prioritairement, de la forme d'organisation du travail du groupe, des moyens d'informer les collègues des autres cycles, de l'avancement de leur réflexion…
– de la mise en œuvre du projet d'école à l'intérieur du cycle
– du mode de fonctionnement des cycles, de la structure de l'école
– du choix du livret scolaire
– de son utilisation entre maîtres du cycle, entre cycles, avec les parents
– des critères de passage du cycle 1 au cycle 2
– des critères de passage d'une classe à l'autre à l'intérieur d'un même cycle

– des critères de passage du cycle 2 au cycle 3 et du cycle 3 au collège
– du passage dans le cycle suivant

... **proposent**...
– la réduction ou la prolongation d'une année dans le cycle (possibilité de recours des parents).

Rompre l'isolement et accepter de travailler avec d'autres collègues, expliciter ses propres pratiques pédagogiques, décider ensemble, préparer le travail des élèves, organiser différemment les groupes d'élèves est DIFFICILE et fera l'objet d'un lent apprentissage. Chaque équipe avance à son rythme, mais chaque étape franchie fait progresser la mise en cohérence pédagogique de toute **l'équipe conçue comme moyen et fin de l'application de la loi d'orientation**.

RÉDUCTION OU PROLONGATION DE LA SCOLARITÉ DANS LE CYCLE

La loi d'orientation énonce, en matière de cursus, deux principes à respecter simultanément : un élève ne peut voir son cursus écourté ou prolongé que d'une année au cours de l'ensemble des cycles 2 et 3, et doit rejoindre le collège au plus tard dans sa douzième année.

Ces dispositions doivent en fait être considérées comme des **repères**, des **indicateurs de gestion du temps**, au service du cursus de l'enfant.

Il existe cependant des risques de dérives qui ne manquent pas de pénaliser l'enfant :

a) si la prolongation de la scolarité est conçue comme un **redoublement**, c'est-à-dire comme une période, une année généralement, au cours de laquelle l'élève va devoir tout recommencer à zéro, comme s'il n'avait rien acquis précédemment. En fait, la prolongation de scolarité doit permettre à l'enfant de **poursuivre et d'achever**, dans les domaines où cela s'avère nécessaire, les apprentissages non maîtrisés, ou encore trop mal installés ;

b) à la suite du recyclage d'un enfant venant de classe de perfectionnement dans un niveau non compatible avec une poursuite normale de la scolarité. Par exemple, s'agissant d'un élève venant de classe de perfectionnement, après deux CP et un CE1, et recyclé au CE2, celui-ci n'aura pas la possibilité de rejoindre le collège dans sa douzième année.

Il serait impensable de lui demander de faire plus de progrès, et plus vite que les autres, et d'effectuer en un an, deux années de programme ;

c) si, à la suite d'une **prolongation de scolarité mal située**, l'enfant éprouve à nouveau le besoin d'une nouvelle prolongation, dès lors devenue impossible ;

d) lorsque le **maintien** à l'école maternelle ne présente pas le caractère exceptionnel qu'il doit absolument avoir. Il compromettrait toute possibilité de prolongation au cours de la scolarité obligatoire.

Ainsi, la réduction ou la prolongation de la scolarité doivent être traitées avec beaucoup de circonspection et d'adresse.

Essayons d'analyser concrètement, à l'aide des schémas de situations proposés page suivante, quel usage il peut en être fait.

Situation n° 1 : le cas général présente le cursus de référence d'un enfant qui progresse normalement, et qui, après une scolarité de deux à quatre ans à l'école maternelle, accède, à 6 ans, à l'école élémentaire (au cycle 2, année 2), à 8 ans au cycle 3, et à 11 ans au collège.

Situation n° 2 : similaire à la situation n° 1, mais l'enfant débute les apprentissages fondamentaux au cours de la Grande Section.

Situation n° 3 : la réduction de scolarité. Elle intervient le plus souvent à la suite d'un accès précoce au cycle des apprentissages fondamentaux (C2).

Elle concerne généralement les enfants qui ont déjà commencé les apprentissages relatifs à la lecture, mais également à la connaissance des nombres, au repérage dans l'espace et le temps, etc.

Situation n° 4: l'enfant parcourt en deux ans le cycle des approfondissements.
Notons bien que la réduction de scolarité ne constitue en rien une volonté délibérée de qui que ce soit, enseignants ou parents, d'accélérer artificiellement le rythme de progression de l'enfant. Elle manifeste au contraire le souci de respecter, de manière harmonieuse, la continuité des apprentissages effectués par l'enfant.
Situations n° 5 et n° 6: la prolongation de la scolarité.
Elle concerne le plus souvent des élèves qui ont besoin d'un temps supplémentaire, parfois court, pour achever des apprentissages qu'ils ont, même avec un certain retard, néanmoins commencés.

Vers une gestion plus souple des groupes d'élèves

La répartition des élèves en groupes de besoin, la constitution de classes à double niveau (CP/CE1, CE1/CE2, CE2/CM1, CM1/CM2), la mise en place de passerelles entre groupes s'avèrent être des outils intéressants au service de cet objectif.
Une telle organisation permet, aux élèves concernés, de «passer» d'un groupe à l'autre, autant que de besoin, ici pour un travail de soutien ou de rattrapage, là pour continuer à progresser dans les domaines où ils ne rencontrent pas de difficultés.
Ainsi conçue, la prolongation de scolarité contribue à atteindre l'objectif fixé: aider l'enfant à poursuivre son cursus dans le respect de la continuité de ses apprentissages.

Cursus possibles à l'école primaire

Situation n° 1

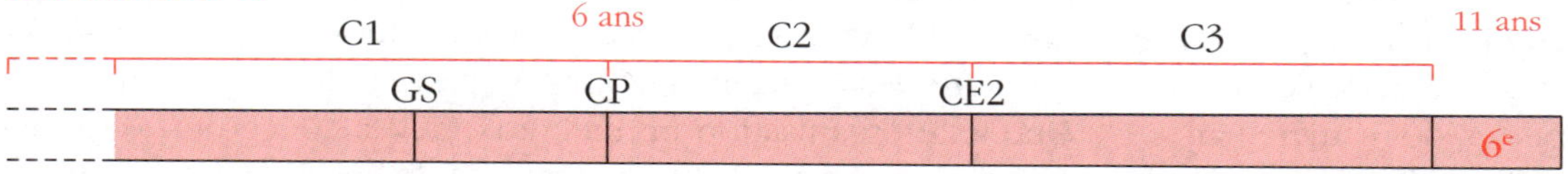

Situation n° 2

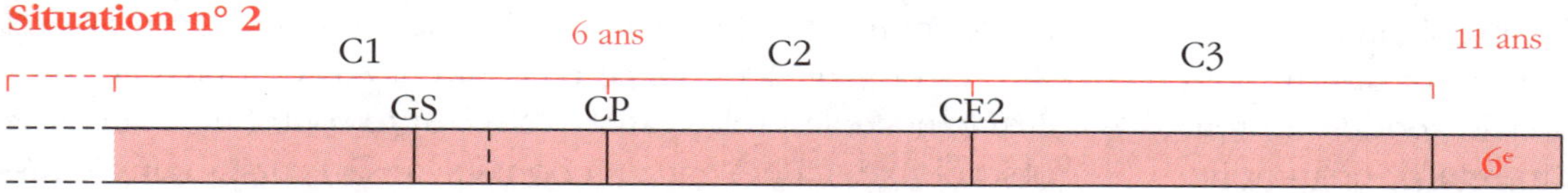

Situation n° 3

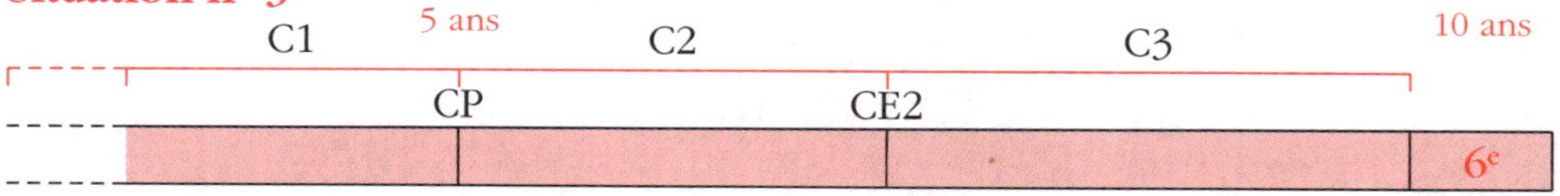

Situation n° 4

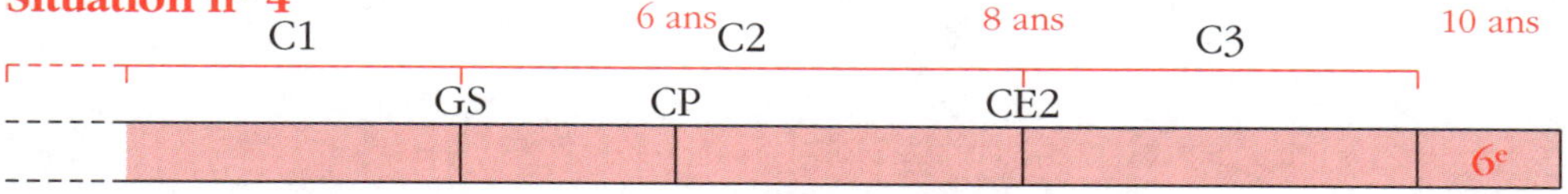

Situation n° 5

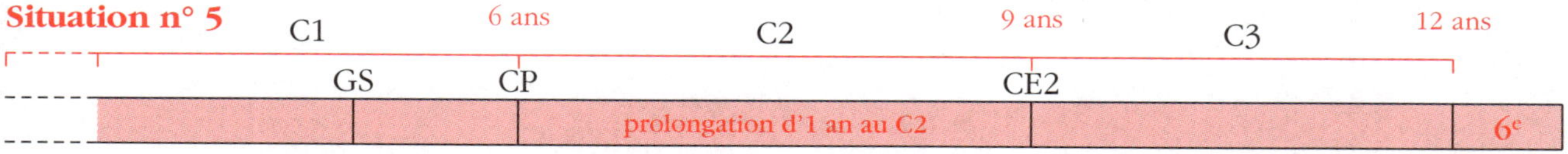

Situation n° 6

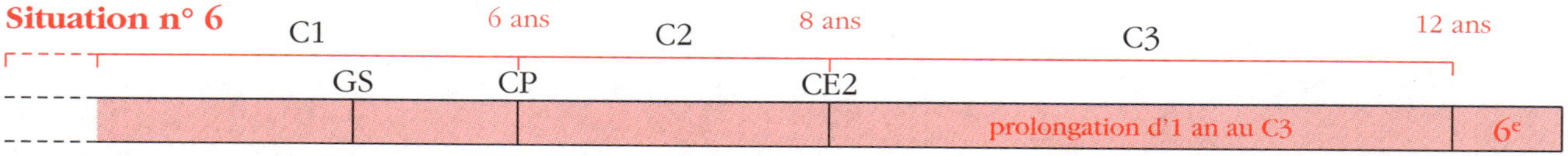

DES OUTILS POUR LA MISE EN PLACE DES CYCLES

Pour placer l'enfant au centre des apprentissages dans le cadre d'une scolarité organisée en cycles, il nous paraît indispensable de vous proposer quelques **outils**. Conçus de manière complémentaire, ils peuvent néanmoins, pour certains d'entre eux, être utilisés **indépendamment** les uns des autres. Ils remplissent des **fonctions précises** qui figurent dans le tableau ci-dessous. Cependant, ils **peuvent s'adapter** à d'autres fonctions que celles qui leur sont attribuées présentement.

Présentation des outils

	COMMUNIQUER	DÉCIDER	ORGANISER	ÉVALUER
1. Tableau d'évaluation des compétences des élèves d'une classe	– entre collègues d'un même cycle – entre collègues de deux cycles – avec les élèves	– décider de leur progression à l'intérieur du cycle et entre cycles	– prévoir des groupes de compétences ou des groupes de besoin	– les acquis des élèves – le domaine d'activité le plus approfondi ou le plus négligé
2. Grille d'évaluation des objectifs intermédiaires	– entre collègues d'un même cycle		– mise en place des groupes de besoin	– la maîtrise des objectifs intermédiaires
3. Suivi de l'élève	– avec les parents – avec les collègues de la classe ou du cycle suivant – avec les élèves		– mise en place des groupes de besoin	– la maîtrise des compétences

	COMMUNIQUER	DÉCIDER	ORGANISER	ÉVALUER
4. Relevé et analyse des erreurs	– avec l'élève	– choisir les réponses pédagogiques adaptées	– remédiation collective ou – mise en place des groupes de besoin	– réguler le processus d'apprentissage de l'élève – réguler la démarche pédagogique de l'enseignant
5. Paramètres du fonctionnement par cycle	– entre collègues d'un même cycle – entre collègues de l'école ou du groupe scolaire	– décider des modalités de fonctionnement de chaque cycle	– adapter le fonctionnement à la spécificité de l'école	
6. Exemples de fonctionnement par cycle	– entre collègues d'un même cycle – entre collègues de l'école ou du groupe scolaire	– choisir ou s'inspirer d'un type de fonctionnement	– la collaboration entre collègues – les groupements d'élèves – participation éventuelle d'intervenants extérieurs	
7. Fiche-guide d'analyse du fonctionnement par cycle	– entre collègues d'un même cycle – entre collègues de l'école ou du groupe scolaire – parents, autres partenaires		– la collaboration entre collègues – les groupements d'élèves – participation éventuelle d'intervenants extérieurs	– autodiagnostic du fonctionnement actuel

OUTIL n° 1 Tableau d'évaluation des compétences des élèves d'une classe

Les tableaux présentés permettent de visualiser le positionnement des enfants d'une classe sur l ensemble des compétences de français exigibles à la fin d'un cycle. Pour remplir ce tableau, le maître utilisera les renseignements fournis par l'outil n° 2, c'est-à-dire les résultats aux différentes évaluations du travail portant sur les objectifs intermédiaires relatifs à la compétence considérée.
Selon les résultats obtenus, l'objectif sera considéré comme non maîtrisé ⊟, insuffisament maîtrisé ⧄ ou maîtrisé ⊠.

Ce mode de représentation permet d'informer rapidement l'enseignant sur :
– le nombre d'enfants en difficulté dans une compétence précise (ex. : écrire lisiblement en respectant les normes de l'écriture), et susceptibles d'être regroupés dans le même groupe de besoin ;
– les résultats obtenus pour chaque élève dans un domaine précis du champ disciplinaire (langue orale, lecture, écriture, production d'écrits, vocabulaire, orthographe, grammaire).

Il s'agit d'un document évolutif que vous pourrez compléter ou modifier au fur et à mesure des évaluations auxquelles vous aurez procédé.
Transmis en fin d'année au collègue de la classe suivante, il constituera un élément essentiel favorisant la continuité des apprentissages au sein du cycle et entre cycles. En effet, il permettra de disposer d'une vue synthétique des compétences acquises par chaque élève, par un groupe d'élèves ou par la classe entière.
Il aidera les maîtres réunis en conseil de cycle à décider de la progression de l'élève dans le cycle, et à se prononcer sur une éventuelle réduction ou prolongation de sa scolarité.
Il renseigne également, et de manière très rapide, l'élève sur ses compétences et sur celles qu'il lui reste à acquérir ou à consolider.
Une telle information fait de lui **un réel acteur de ses propres apprentissages**.

OUTIL n° 1 Exemple

FRANÇAIS

Objectif : Compréhension lecture/écriture – cycle 2

L'élève doit être capable de… / Noms des élèves	…	…	…	…	…	Total ⊟	Total ⧄	Total ⊠
Comprendre les informations **explicites** d'un texte **littéraire** ou d'un texte **documentaire** appropriés à l'âge et à la culture des élèves								
Trouver dans un texte documentaire imprimé ou sur un site Internet **les réponses** à des questions simples								
Dégager le thème d'un texte littéraire (de qui ou de quoi il parle ?)								
Lire à haute voix un court passage en restituant correctement les accents de groupes et la courbe mélodique de la phrase (lecture préparée silencieusement)								
Relire seul un album illustré lu en classe avec l'aide d'un enseignant								
Total								
Total								
Total								

⊟ Objectif non atteint

⧄ Objectif atteint, mais mal installé (à renforcer)

⊠ Objectif atteint et bien installé

OUTIL n° 2 Grille d'évaluation des objectifs intermédiaires

Certains objectifs intermédiaires doivent faire l'objet de plusieurs évaluations au cours d'un même mois, d'un trimestre ou d'une année scolaire. En recopiant la liste des élèves de sa classe sur le document, et en photocopiant le document obtenu, l'enseignant dispose immédiatement, quel que soit l'objectif retenu, d'une grille d'évaluation qui pourra être complétée tout au long du processus d'apprentissage.

Exemple : en fonction de la répartition, sur les trois années du cycle, des objectifs intermédiaires relatifs à la compétence « résumer un texte », le maître évaluera le travail de chaque élève pour chacun des objectifs s'y rapportant.

Objectif à atteindre : ....

Cycle : ....   Année : ....

Élèves	Évaluation 1	Évaluation 2	Évaluation 3	Évaluation 4	Synthèse
1					
2					
3					
4					
5					
6					
7					
8					
9					
10					
11					
12					
13					
14					
15					
16					
17					
18					
19					
20					
21					
22					
23					
24					
25					
26					
27					
28					
29					
30					

NON ACQUIS ⊟   EN COURS ⧄   ACQUIS ⊠

- Cette grille peut servir à évaluer un apprentissage ou un objectif intermédiaire plusieurs fois au cours de la même année d'un même cycle.
- Elle peut permettre aussi de suivre la progression des élèves sur un apprentissage au cours des trois années d'un même cycle.

OUTIL n° 3 Suivi de l'élève

Évaluer la maîtrise d'une compétence nécessite que l'enseignant procède à plusieurs évaluations successives au cours de la même année ou tout au long d'un cycle. Les modalités de passation des épreuves d'évaluation seront, dans ce cas, rendues progressivement plus complexes afin de vérifier que l'apprentissage est bien installé.

Exemple : « donner après lecture des renseignements ponctuels sur le texte » (longueur du texte, niveau lexical, nombre de personnages, nombre d'actions...).

Le document « suivi de l'élève » renseigne l'enseignant sur l'évolution des résultats de chaque enfant dans chacune des compétences exigées en fin de cycle.
Utilisé comme livret scolaire ou joint au livret scolaire, il constitue un document complémentaire de liaison avec les familles et les collègues du cycle suivant.

OUTIL n° 3 Exemple

Nom de l'élève : .... Classe : .... Année : ....

Observation réfléchie de la langue française – cycle 3	Trimestre 1	Trimestre 2	Trimestre 3	Synthèse
Participer à l'observation collective d'un texte ou d'un fragment de texte pour mieux **comprendre la manière** dont la langue française y fonctionne ; **justifier** son point de vue				
Retrouver à quel substantif du texte renvoient les différents **substituts** (pronoms, substituts nominaux)				
Interpréter correctement les différents **mots de liaison** d'un texte				
Comprendre correctement la signification des divers **emplois des temps verbaux du passé** dans la narration				
Se servir d'un ouvrage simple de grammaire ou d'un répertoire pour **chercher une information**				
Repérer, lors d'un projet d'écriture, une **rupture du choix énonciatif** et la corriger				
Opérer toutes les **transformations** nécessaires pour, par bon usage des **substituts du nom**, donner plus de cohésion à son texte				
Employer à bon escient les principaux **mots de liaison**				
Marquer l'**accord sujet/verbe** (situations régulières)				
Repérer et réaliser les chaînes **d'accord dans le groupe nominal**				
Distinguer les principaux **homophones grammaticaux** (et/est, ces/ses/s'est/c'est, etc.)				
Construire le présent, le passé composé, l'imparfait, le passé simple, le futur, le conditionnel et le présent du subjonctif des verbes les plus fréquents				
Utiliser **les temps verbaux du passé** dans une narration (en particulier en utilisant à bon escient l'opposition entre imparfait et passé simple)				
Utiliser tous les **instruments** permettant de **réviser l'orthographe** d'un texte				
☐ Objectif non atteint — **Total**				
◿ Objectif atteint, mais mal installé (à renforcer) — **Total**				
☒ Objectif atteint et bien installé — **Total**				

OUTIL n° 4 Relevé et analyse des erreurs

Dans cet ouvrage, nous avons longuement insisté sur l'analyse de l'erreur, phase essentielle du processus d'apprentissage. Tous les pédagogues s'accordent à reconnaître l'importance des informations fournies par l'erreur, sur la façon dont l'apprentissage se met en place chez l'enfant.

Il s'avère donc nécessaire, et principalement lorsque les enfants sont en situation de production, de relever et d'analyser leurs erreurs afin de prévoir les réponses pédagogiques susceptibles d'y remédier.

L'outil «relevé et analyse des erreurs» vous permet de procéder au relevé de ces erreurs, de les classer, de les quantifier et de synthétiser les réponses pédagogiques adéquates à apporter aux groupes de besoin qu'il est plus facile alors de constituer.

RELEVÉ ET ANALYSE DES ERREURS

Objectif à atteindre : ....

Situation proposée (réf. ou description) : ....

....

	Description des erreurs	Nombre d'élèves	Réponses pédagogiques à apporter
Erreurs liées à la situation			
Erreurs liées aux opérations intellectuelles			
Erreurs liées aux acquisitions antérieures			
Erreurs liées à la consigne			
Autres erreurs			

RELEVÉ ET ANALYSE DES ERREURS (cycle 3 – année 1)

Objectif à atteindre : Utiliser le calendrier

Situation proposée (réf. ou description) : À partir de la photocopie d'une page de dictionnaire, la consigne est : « Trouve la définition qui convient au mot .... contenu dans cette phrase. »

	Description des erreurs	Nombre d'élèves	Réponses pédagogiques à apporter
Erreurs liées à la situation	ce dictionnaire est différent de celui utilisé habituellement en classe	2	analyser et comparer la présentation de différents dictionnaires
Erreurs liées aux opérations intellectuelles	il ne sait pas choisir la définition qui convient au contexte	2	apprendre à choisir, c'est-à-dire, analyser et écarter les propositions qui ne conviennent pas et repérer celle qui convient
Erreurs liées aux acquisitions antérieures	il ne sait pas lire une définition dans un dictionnaire il ne comprend pas qu'un mot ait plusieurs sens	3	apprendre à lire une définition associer des mots à des synonymes, rechercher des mots qui ont plusieurs sens
Erreurs liées à la consigne	il rédige une définition d'un mot sans se préoccuper de la page du dictionnaire	1	apprendre à lire la consigne ; faire préciser à l'enfant quelle est la tâche à réaliser et comment il faut s'y prendre
Autres erreurs	il recopie mal la définition	1	l'entraîner à vérifier ses réponses

OUTIL n° 5 Paramètres du fonctionnement par cycle

Cet outil permet d'avoir une vision détaillée de l'ensemble des paramètres susceptibles d'intervenir dans le fonctionnement par cycle.
Il offre ainsi la possibilité à chaque équipe de choisir le fonctionnement le mieux adapté aux spécificités de l'école.

LES PARAMÈTRES DU FONCTIONNEMENT PAR CYCLE

Dans la classe les élèves sont regroupés par…

- classe d'âge
- niveau d'enseignement
- cycle
- classe unique

Le maître est chargé d'une même classe pendant…

- un an
- deux ans
- trois ans

Le maître travaille…

- seul dans sa classe
- avec un collègue d'un même niveau de classe
- avec des collègues d'un autre niveau du même cycle
- avec des collègues des deux autres niveaux du même cycle
- avec des collègues d'un autre cycle
- avec d'autres collègues ou partenaires

selon diverses modalités…

- pour la préparation et l'organisation du travail
- en organisant des ateliers dans la classe
- en participant à un décloisonnement
- en procédant à des échanges de service

Pendant les activités, les enfants sont regroupés en…

groupe-classe complet	groupe de compétences	groupe de besoin

L'action porte sur…

tous les domaines d'enseignement	un domaine d'enseignement	plusieurs domaines d'enseignement	une compétence particulière

selon une fréquence de…

une fois par semaine	deux fois par semaine	trois fois par semaine	quatre fois par semaine	quelques séquences ponctuelles en fonction des besoins

pour une durée de…

1 h 30 min	1 h	45 min	moins de 30 min

OUTIL n° 6 Exemples de fonctionnement par cycle

Nous vous proposons quelques types de fonctionnements. Certains d'entre eux sont ambitieux, car ils imposent la participation de l'ensemble des maîtres de l'école, voire du groupe scolaire.

D'autres, plus modestes, n'impliquent que le maître de la classe.

Notre souci est de vous présenter des types de fonctionnements variés dont les effets se sont avérés d'ores et déjà positifs.

Le tableau récapitulatif des éléments entrant en jeu dans le fonctionnement par cycle vous permettra de procéder à un choix réaliste, adapté aux caractéristiques de votre environnement, étant, bien entendu, que toute organisation ne vaut que par le degré d'implication des personnes qui la mettent en œuvre.

FONCTIONNEMENT PAR CYCLE

Exemple n° 1

Situation de l'école : 9 classes
directrice 1/2 déchargée
1 classe d'adaptation

Au cycle 3, l'action portera sur :
– la production d'écrits variés

Ce qui a motivé le choix de cette action :
– résultats aux évaluations 6e
– axe prioritairement retenu dans le projet d'école

Cette action concerne :
– les 4 maîtres du CM : 2 CM1, 1 CM1/CM2, 1 CM2
– le maître de la classe d'adaptation

En conseil de cycle, les maîtres ont :
– évalué les besoins des élèves
– organisé 5 groupes en allégeant le groupe des élèves en difficulté
– décidé de faire produire les mêmes textes, mais en insistant dans chaque groupe sur les besoins spécifiques des élèves : mobilisation et organisation des idées, formulation, présentation
– élaboré pour les élèves des grilles d'auto-évaluation

OUTIL n° 6 Exemple n° 1

- **AU CYCLE 3**
  - **Le maître de CM2**
    - Propose dans sa classe la lecture et l'étude de textes de même type
      - Le lundi
    - Intervient auprès des élèves de CM1 et de CM2
      - Fait produire un type de texte différent tous les quinze jours
        - 2 heures par semaine le mardi et le vendredi de 13 h 30 à 14 h 30
          - Pour une durée d'un mois, soit 8 séquences
            - Au terme de cette période, il décide avec ses collègues de la suite du travail et d'une éventuelle modification des groupes

FONCTIONNEMENT PAR CYCLE

Exemple n° 2

Situation des écoles : 7 classes de maternelle
Directrice 1/2 déchargée }
11 classes élémentaires
Directrice 1/2 déchargée }

Les deux écoles sont contiguës

Au cycle 2, l'action portera sur :
- la lecture de textes variés

Ce qui a motivé le choix de cette action :
- résultats aux évaluations CE2,
- observations par les membres du R.A.S.

Cette action concerne :
- une institutrice de Grande Section
- deux instituteurs de CP
- un instituteur de CP/CE1
- un rééducateur en psycho-pédagogie

En conseil de cycle, les maîtres ont :
- élaboré quelques épreuves simples d'évaluation des élèves
- organisé 5 groupes de compétence, plus allégés pour les groupes de lecteurs débutants
- choisi les textes à présenter dans chaque groupe

OUTIL n° 6 Exemple n° 2

AU CYCLE 2

- **Le maître de CP**
  - Intervient auprès d'élèves de GS et de CP, lecteurs débutants
    - Lecture de textes courts et de simples extraits d'un album, puis ateliers de lecture
    - 1 h 30 par semaine le samedi matin
    - Pour une durée d'un trimestre
    - Dans les locaux de l'école élémentaire
    - Au terme de cette période, il évalue les acquis des élèves et décide avec ses collègues de la suite du travail avec le même groupe
  - Propose dans sa classe des ateliers lecture et des moments de découverte collective de textes
    - Tous les jours

FONCTIONNEMENT PAR CYCLE

Exemple n° 3

Situation de l'école élémentaire :
5 classes dont
2 classes de Petits
1 classe de Petits et de Moyens
1 classe de Moyens et de Grands
1 classe de Grands

Au cycle 2, l'action portera sur :
– l'amélioration de la langue orale

Ce qui a motivé le choix de cette action :
– la nécessité de faire accéder les Grands à un langage plus explicite

Cette action concerne :
– une institutrice de Grande Section
– une institutrice de Petite Section

En conseil de cycle, les maîtres ont :
– décidé de multiplier les échanges entre les plus petits et les plus grands de l'école
– choisi les livres à lire aux enfants de Grande Section puis aux enfants de Petite Section
– organisé des petits groupes de 3 élèves
– réparti les interventions de ces élèves auprès des petits

AU CYCLE 1

Le maître de Grande Section

Lit chaque semaine trois albums que trois élèves présenteront au cours de la semaine à un groupe réduit de « petits »

Le maître de Petite Section

Intervient auprès des trois élèves pour les encourager, les aider à compléter leur récit

L'intervention des enfants est enregistrée

Écoute et critique constructive de l'enregistrement par les élèves de la classe

Le maître raconte à nouveau l'histoire et l'enregistre sur une cassette qui sera déposée dans la bibliothèque des classes de Grands et de Petits

OUTIL n° 7 Fiche-guide d'analyse du fonctionnement par cycle

Cette fiche-guide vous propose des éléments d'analyse du fonctionnement actuel de l'école en cycles. À ce titre, elle a une **fonction d'autodiagnostic** qui renseigne les personnes engagées dans l'action sur l'état actuel du fonctionnement adopté et, si nécessaire, sur les modifications à y apporter.

FICHE-GUIDE D'ANALYSE DU FONCTIONNEMENT PAR CYCLE

CYCLES : 1 2 3

Ce qui est déjà en relation avec le fonctionnement par cycle du point de vue de :
– la collaboration entre maîtres,
– les groupements d'élèves,
– l'harmonisation des méthodes pédagogiques,
– la continuité pédagogique.

Sujets prioritaires à aborder en conseil de cycle

Documents à partir desquels travailler :
– évaluation CE2 ou 6e,
– document « compétences de fin de cycle »,
– Instructions officielles,
– descriptifs d'apprentissage,
– autres documents.

Descriptif du fonctionnement par cycle qui a été élaboré :

Contenus privilégiés :
– le programme d'un champ disciplinaire complet,
– un domaine particulier,
– des objectifs particuliers,
– une compétence de fin de cycle.

Le niveau auquel s'organise le travail :
– d'une seule classe banale,
– des classes d'un même niveau,
– des classes de deux niveaux,
– des classes de tout le cycle,
– de classes hétérogènes (ex. : GS/CP),
– de classes « cycle » (ex. : GS/CP/CE1),
– de l'école tout entière,
– du groupe scolaire tout entier.

Le type de groupement des élèves :
– par groupes de niveau fixes,
– par groupes de niveau évolutifs,
– par groupes de besoin,
– par groupes d'entraide, de tutorat.

La taille du ou des groupe(s)

La durée prévue pour ce type de fonctionnement :
– toute l'année,
– pendant un trimestre, deux trimestres,
– pendant un mois, deux mois,
– pendant une ou deux semaines par mois.

La fréquence de ce type d'organisation :
– 1 fois par semaine,
– 2 à 4 fois par semaine,
– ponctuel en fonction des besoins exprimés,
– autre.

La durée de chaque séquence :
– 1 h 30
– 3/4 h
– 1/2 h
– moins d'une 1/2 h

Les personnes concernées :
– l'instituteur de la classe,
– les instituteurs des classes concernées,
– le directeur qui bénéfie d'une décharge de service,
– d'autres instituteurs d'un autre cycle,
– un ou plusieurs membres du R.A.S.,
– autres intervenants.

Deux ou trois critères de réussite du fonctionnement par cycle

Aide ou formation souhaitée pour accroître l'efficacité du travail accompli

LEXIQUE

Avertissement: *Nous précisons ci-dessous, par des définitions aussi claires que possible, le sens dans lequel nous avons employé les mots suivants au sein de l'ouvrage.*

ACTE INTELLECTUEL: Processus d'utilisation d'un savoir.

APPRENTISSAGE: Il y a apprentissage lorsqu'un élève, placé plusieurs fois dans la même situation, modifie sa conduite de façon systématique et durable.

BUT: Énoncé définissant de manière générale les intentions poursuivies par l'enseignant, à travers un programme ou une action déterminée d'enseignement.

CAPACITÉ: Pouvoir d'accomplir un acte, de produire un comportement ou un ensemble de comportements adéquats dans une situation donnée.

COMPÉTENCE: Visée de formation globale regroupant un ensemble de capacités permettant à un sujet de faire face à une situation de façon adaptée.

COMPORTEMENT: Ensemble des manifestations observables d'un individu agissant.

CYCLE: Série logique, cohérente et ordonnée d'actes d'enseignement ou d'apprentissage.

DÉVELOPPEMENT COGNITIF: Résultante de l'apprentissage et de la maturation.

FINALITÉ: Affirmation de principe à travers laquelle une société ou un groupe social identifie et véhicule ses valeurs, et fournit les lignes directrices à un système éducatif.

GROUPE DE BESOIN: Regroupement d'élèves rencontrant dans un apprentissage donné le même type de difficultés nécessitant le même type de réponse pédagogique.

GROUPE DE COMPÉTENCE: Regroupement d'élèves ayant acquis un même niveau de compétence dans un domaine.

MÉTACOGNITION: Travail par lequel l'élève prend l'habitude d'analyser le pourquoi de ses réussites, de ses erreurs, de ses difficultés, et de stabiliser les procédures efficaces en fonction d'un projet.

OBJECTIF INTERMÉDIAIRE: Défini en fonction de la compétence à atteindre, il n'est pas poursuivi pour lui-même, mais parce qu'il constitue un passage obligé sur un itinéraire, étape de la construction d'un apprentissage. Il est exprimé de telle manière qu'il soit raisonnablement possible de déterminer sans ambiguïté s'il est atteint ou non. Il doit décrire une activité de l'apprenant identifiable par un comportement observable.

OPÉRATION INTELLECTUELLE: Activité mentale déterminée qui marque la capacité d'un sujet à apporter une réponse adéquate à une situation donnée.

PÉDAGOGIE DIFFÉRENCIÉE: Méthode fondée sur la reconnaissance de l'hétérogénéité d'un groupe-classe. Elle utilise diverses stratégies pédagogiques permettant d'adapter l'enseignement aux besoins et aux compétences des élèves.

PÉDAGOGIE PAR OBJECTIFS : Méthode d'enseignement centrée sur les objectifs à atteindre.

PHONÈME : Unité de son. Un phonème est dépourvu de sens. La langue française dispose de 36 phonèmes : 19 voyelles (dont 3 semi-voyelles ou semi-consonnes), et 17 consonnes. Ils peuvent être représentés par les signes de l'Alphabet Phonétique International (API).

PROFIL PÉDAGOGIQUE : Caractéristique dominante (auditive ou visuelle par exemple) de l'évocation mentale dont le sujet se sert pour comprendre et apprendre.

PROGRAMMATION : Organisation logique de contenus, de l'acquisition d'un savoir, en divisions immuables, s'inscrivant dans une durée fixe et déterminée. La programmation ne tient pas compte des cheminements différenciés des personnes (capacités d'attention, périodes d'incompréhension, rythmes individuels d'acquisition).

PROGRAMME : Ensemble des connaissances, des matières enseignées dans un cycle d'études.

PROGRESSION : Organisation réfléchie, par étapes extensibles ou non, d'un savoir s'inscrivant dans une durée probable dont les limites sont conditionnellement liées au cheminement cognitif et mental des destinataires de ce savoir.

RÉFÉRENTIEL : Ensemble d'éléments formant un système de référence. Dans cet ouvrage : ensemble des compétences à acquérir au cours de chacun des trois cycles de l'école primaire.

RE-MÉDIATION : Stratégie de réponse pédagogique consistant à « refaire » une médiation qui n'a pas eu lieu en son temps entre l'élève et l'objet d'apprentissage, et dont l'absence empêche la poursuite de l'apprentissage.

REMÉDIATION : Stratégie de réponse pédagogique conduisant l'élève à reprendre un apprentissage et/ou à corriger ses erreurs pour une meilleure acquisition d'une notion mal installée.

STRATÉGIES D'APPRENTISSAGE : Ensemble des moyens et des méthodes personnels par lesquels un élève, qui a des caractéristiques propres, s'approprie les connaissances.

STRATÉGIES D'ENSEIGNEMENT (procédures) : Ensemble des méthodes ou moyens dont dispose l'enseignant pour faire acquérir un apprentissage : exposé, questionnement, modélisation, situation-problème, etc.

TAXONOMIE (ou taxinomie) : Ensemble d'opérations mentales classées selon un principe d'organisation hiérarchisée.

Imprimé en France par Mame Imprimeurs à Tours (n° 07052041)
Dépôt légal n° 06/2007 - Collection n° 20 - Édition n° 05
17/0731/4